Gabi Berens

In Wahrheit ist es Liebe . . .

Unser behindertes Kind als Wegweiser

Country-Verlag

Deutsche Bibliothek – CIP-Einheitsaufnahme

Berens, Gabi
In Wahrheit ist es Liebe ... : Unser behindertes Kind als Wegweiser /
Gabi Berens. –
D – 33790 Halle/Westf. : Country Verlag
ISBN 3-9803144-1-3

Fischweg 7, D – 33790 Halle/Westf.

Titelfoto: Sculpture, Kathy Klein,
Austin Productions Inc., New York
Satz: Walter Karutz, Halle/Westf.
Herstellung: Hans Kock, Bielefeld
Printed in Germany
1. Auflage: 3.000 Expl. Oktober 1994
ISBN 3-9803144-1-3

In Liebe für Laurenz,
Timo und Sören

Danke auch unseren Familien,
Freunden und allen,
die unseren Weg begleitet haben.

Vorwort

„Hallo, Gabi – träumst du?“ Laurenz Stimme holte mich zurück in die Gegenwart. Ich setzte mich im Liegestuhl auf und blinzelte in die Sonne, deren Wärme mich wohlig einhüllte. Dann sah ich hinüber zu Timo und Sören, meine beiden Söhne, die ganz vertieft auf einer Decke spielten.

Plötzlich durchströmte mich ein Gefühl unendlicher Dankbarkeit und großer Liebe für meine Familie, mit der ich diesen Urlaub genoß.

Entspannt lehnte ich mich wieder zurück und ließ meine Gedanken in die Vergangenheit schweifen. Noch vor wenigen Jahren gab es Zeiten, in denen ich nicht wußte, ob ich solch unbeschwerte Momente jemals wieder erleben würde.

Während ich meine Kinder beobachtete, spulten sich plötzlich Situationen aus dieser Zeit wie Filmszenen vor meinem inneren Auge ab. Die erste Zeit mit Laurenz, voller Freude und Erwartung, gefolgt von Phasen der Angst und Trauer, Hoffnung, Siegen und Niederlagen. Sie alle haben mich geprägt. Manche Erlebnisse führten mich an die Grenze meiner Belastbarkeit, lösten aber auch einen tiefgreifenden Lern- und Reifeprozeß in mir aus. Es dauerte einige Zeit, bis ich bereit war, mich ihm zu öffnen. Manchmal schien es, daß ich daran zu zerbrechen drohte.

Im nachhinein vergleiche ich meine Entwicklung gern mit einer Raupe, die sicher im Kokon eingesponnen lebt. Plötzlich bemerkt sie angstvoll, daß dieser Schutzmantel zu zerspringen droht. Trotzdem folgt sie ihrem Instinkt in dem ewigen tiefen Wissen um das Gute dieser Veränderung. Sie sprengt die selbstgewählte Enge – und entpuppt sich als ein neues Wesen, als Schmetterling.

Heute bin ich unendlich dankbar für die Veränderung in meinem Leben. Durch sie erfuhr ich das Geheimnis der Liebe.

Mein weiter Weg dahin begann im November 1983.

Ich war schwanger.

Kapitel 1

Alles wird aufhören,
nur Glaube, Hoffnung und Liebe nicht.
Diese drei bleiben,
aber die Liebe steht am höchsten.
1. Korintherbrief 13,13

„Herzlichen Glückwunsch, Frau Berens, Sie sind schwanger!“ Fröhlich bestätigte die Arzthelferin des Gynäkologen meine Hoffnungen.

Ich strahlte sie an und brachte nur heraus: „Oh, wie schön!“

Meine Gedanken überschlugen sich regelrecht. Jetzt war er da, der Moment, in dem mir offiziell bestätigt wurde, daß unser Wunsch nach einem Kind Wirklichkeit geworden war!

An diesem Novembertag 1983 verließ ich die Arztpraxis wie auf Wolken. Ich erinnere mich noch, daß ich durch die Straßen von Mettingen schwebte, während es in mir jubelte: schwanger, schwanger, schwanger . . .

Im nächsten Kaufhaus steuerte ich sofort auf die Kinderabteilung zu. Ausgiebig wühlte ich mich durch Berge von winzigen Jäckchen und Strampelanzügen.

„Kann ich Ihnen behilflich sein?“ fragte mich eine Verkäuferin.

Beinahe hätte ich ihr erzählt, daß ich schwanger sei und diese wundervolle Neuigkeit meinem Mann mit Hilfe eines Strampelanzugs beibringen wollte. Doch dann sagte ich nur: „Nein, danke, ich schaue bloß mal.“

Ich konnte mich gar nicht satt sehen an diesen süßen

Sachen. Schließlich entschied ich mich für einen weinroten Nicky-Strampler mit einem aufgestickten weißen Häschen. Daß ausgerechnet dieser Strampler ein paar Jahre später eine ganz besondere Rolle spielen sollte, ahnte ich damals noch nicht.

Schnell fuhr ich mit meiner Errungenschaft nach Hause und brannte darauf, dem werdenden Vater die wunderbare Nachricht mitzuteilen. Ich schaffte es gerade noch, mit meinem Geschenkpaket bis in die Küche zu gelangen, als mir Laurenz über den Weg lief.

„Gabi, da bist du ja! Sag mal schnell, wie war es . . .?" Lachend unterbrach er seine Frage: „Du strahlst ja wie ein Weihnachtsbaum, also stimmt es?"

Ich konnte nur nicken.

Im nächsten Moment hatte mich Laurenz in seine Arme gerissen und veranstaltete einen Freudentanz durch die Küche. Viel später, als wir uns beruhigt hatten, zeigte ich ihm den Strampelanzug.

„Den nehmen wir, um unsere Eltern schonend auf die Anrede 'Oma und Opa' vorzubereiten", grinste er.

Abends kamen überraschend unsere Vermieter vorbei. Natürlich erzählten wir ihnen sofort von unserem Glück und köpften gemeinsam eine Flasche Sekt. Das Gespräch rauschte an meinen Ohren vorbei, denn ich war nur von einem Gedanken erfüllt: In dir wächst ein Mensch heran! Noch heute üben schwangere Frauen eine magische Anziehungskraft auf mich aus. Jeden runden Bauch betrachte ich mit Ehrfurcht. Es ist eines der größten Wunder der Schöpfung.

Am nächsten Tag legten wir den winzigen Strampler kommentarlos vor die zukünftigen Großeltern auf den Tisch. Sie begriffen unseren Wink zunächst gar nicht.

„Wie niedlich! Für wen ist denn das?"

Als wir dann die Situation klärten, herrschte erst einmal großes Durcheinander. Damit hatte keiner gerechnet.

Wir waren beide noch sehr jung, Laurenz war 23 Jahre alt, ich 22, und keiner hatte gedacht, daß wir uns so schnell Nachwuchs zulegten. Wir aber fühlten uns nicht zu jung und hatten uns ganz bewußt für unser erstes Kind entschieden.

Nachdem sich unsere Eltern schließlich vom ersten Schrecken, plötzlich Großeltern zu werden, erholt hatten, war auch bei ihnen die Freude groß.

Meine Schwangerschaft verlief wunderbar. Mir ging es prächtig, und gemeinsam gingen Laurenz und ich zu den Untersuchungen. Alles war in Ordnung.

Ich genoß die Schwangerschaft mit jeder Faser meines Herzens. Immer wieder stellte ich mich vor den Spiegel, um die Rundung meines Leibes zu betrachten. In der ersten Zeit war ich sehr enttäuscht, denn mein Bauch wollte und wollte nicht größer werden. Ich wünschte mir doch so sehr, daß jeder sehen sollte, was mit mir los war.

Daß mein Zustand wirklich kaum zu erkennen war, zeigte mir das zufällige Zusammentreffen mit einer ehemaligen Schulkameradin.

Sie schob einen Kinderwagen mit einem Säugling vor sich her, und an ihrer Hand zappelte ein anderes Kind. Wir unterhielten uns eine Weile lang, bis sie plötzlich sagte: „Na – denkt ihr auch schon an Nachwuchs?"

Stolz richtete ich mich auf. „Ich bin schon im sechsten Monat!" Doch zu meinem Leidwesen mußte ich mir wieder anhören: „Wirklich? Man sieht aber noch gar nichts!"

An diesem Tag beschloß ich, Umstandshosen anzuziehen, obwohl es noch nicht nötig gewesen wäre. Und siehe da – es half! Kurze Zeit später wuchs mein Bauch zu ungeahnter Größe an.

Laurenz war begeistert und konnte sich nicht sattsehen an der Kugel. Zwischendurch mußte er immer wieder mal die Hände drauflegen, um zu fühlen, wie das Baby sich bewegte, oder er preßte sein Ohr an meinen Bauch, um eventuell ein Geräusch zu erhaschen.

All die herrlichen Albernheiten, die man während einer Schwangerschaft so treibt, genossen wir in vollen Zügen. Die Erinnerungen an diese Zeit sind voller Freude und Harmonie. Wir denken mit viel Liebe an sie zurück.

In den letzten Wochen der Schwangerschaft bereiteten wir alles für die Ankunft des Babys vor.

Am 30.06.1984 um 16.45 Uhr wurde unser Sohn Timo geboren. Es war eine ganz normale Geburt. Nie im Leben werde ich den Augenblick vergessen, als nach allen Anstrengungen dieses kleine Bündel Mensch plötzlich auf meinem Bauch lag. Überwältigt dachte ich: Wir haben es geschafft! Unser kleiner Timo ist da!

Laurenz war genauso gerührt wie ich. Die ganze Sehnsucht der letzten Monate hatte ihren Höhepunkt erreicht. Niemand hätte uns vorher auch nur im entferntesten das Gefühl beschreiben können, das uns überkam, als wir zum ersten Mal dieses kleine Menschlein im Arm hielten.

Leider blieb uns nicht viel Zeit, den Augenblick zu genießen. Timo durfte nicht lange auf meinem Bauch verweilen, weil er vierzehn Tage zu früh geboren war. Er war mit 48 cm und seinen 2520 g so zart und klein, daß er schon nach kurzer Zeit am ganzen Körper vor Kälte zitterte und zu weinen begann. Es war kein richtiges Weinen, sondern eigentlich mehr ein leises Fiepen.

Als ich einige Zeit später geduscht in meinem Bett lag,

versuchte die Hebamme, Timo an meine Brust zu legen, damit er trinken konnte. Aber er war zu schwach zum Saugen und wußte einfach nichts mit der Brustwarze anzufangen.

„Das kriegen wir schon hin“, meinte die Hebamme beruhigend. „Der kleine Mann ist zu müde. Am besten legen wir ihn über Nacht ins Wärmebettchen. Das machen wir immer mit den ganz Eiligen.“

„Denken Sie, daß es wirklich nötig ist?“ fragte ich die Hebamme enttäuscht, denn eigentlich hatte ich mir vorgestellt, Timo würde nach der Geburt bei mir im Zimmer bleiben. Wenn schon die körperliche Verbundenheit nicht mehr vorhanden war, so wollte ich trotzdem möglichst viel Nähe zwischen uns schaffen.

„Frau Berens, machen Sie sich keine Sorgen“, versuchte sie mich zu trösten. „Säuglinge, die so klein und zart sind wie Timo, haben oft Probleme, ihre Körpertemperatur zu halten. Im Wärmebettchen wird sich Ihr Sohn sehr wohl fühlen, und morgen sieht alles ganz anders aus.“

Auch Laurenz versuchte mich zu trösten. Er nahm mich in seine Arme und gab mir zärtlich zu verstehen: „Es ist ja nur für eine Nacht. Ab morgen trennt euch keiner mehr.“

Nur halb getröstet, verbrachte ich eine unruhige Nacht. Timo war nicht mehr in mir, Laurenz lag nicht neben mir, sondern weit weg zu Hause im Bett – ich fühlte mich leer und allein. Unruhige Träume quälten mich. Immer wieder schreckte ich hoch, weil ich glaubte, Timos Weinen zu hören. Wie er sich wohl fühlte? Ob er mich auch so vermißte wie ich ihn?

Kapitel 2

Alle geschaffenen Wesen
sind Liebesbriefe Gottes,
in denen wir lesen,
aus denen wir lernen
und verstehen können,
wenn wir nur wollen.
Roland Leonhardt

Gleich am nächsten Morgen ging ich ins Kinderzimmer. Timo lag friedlich schlafend im Wärmebettchen. Voller Liebe betrachtete ich ihn. Er war so schmal und feingliedrig – richtig zerbrechlich wirkte er. Blonde, leichtgelockte Haare, die im Licht etwas rötlich schimmerten, umrahmten sein rosiges Gesichtchen. Die langen schmalen Finger hatte er von seinem Vater geerbt. Ich weiß noch, wie oft ich Laurenz in der Schwangerschaft gefragt hatte: „Was meinst du, ob unser Baby wohl deine Hände bekommen wird?" Laurenz hatte lächelnd geantwortet: „Sei nicht so neugierig. Das erfahren wir noch früh genug."

Tief in Gedanken versunken stand ich an Timos Bettchen, als die Säuglingsschwester hereinkam. „Frau Berens, Ihr Kleiner hat uns letzte Nacht richtig Sorgen gemacht", sprach sie mich an, „wir haben öfters versucht, ihm Tee zu geben, aber er hat sich immer wieder verschluckt und ist derart blau angelaufen, daß wir ihm Sauerstoff geben mußten. Auch jetzt leiten wir Sauerstoff ins Wärmebettchen."

Ich begriff erst gar nicht, was sie meinte, aber dann wurde mir klar, warum Timo so rosig aussah . . .

Und plötzlich war es da, dieses ungeheure Gefühl, das mich die nächsten Jahre nicht loslassen sollte: Angst – riesige, nackte Angst um das Leben unseres Sohnes; ein übermächtiges Gefühl, das kribbelnd den Rücken heraufkroch, den Atem lähmte und alles in mir abschnürte.

Als Laurenz etwas später kam, berichtete ich ihm sorgenvoll, was vorgefallen war, und fragte hilflos: „Was sollen wir nur tun?"

Laurenz – offensichtlich bestürzt über die schlechte Nachricht – versuchte ruhig zu bleiben und nahm mich in seine Arme. „Laß uns zuerst mit einem Arzt über die Situation sprechen."

Zusammen standen wir an Timos Bettchen, bis ein Arzt kam, den wir geradezu mit Fragen bombardierten.

„Machen Sie sich bitte keine Sorgen", beruhigte er uns. „Timo ist etwas zu früh geboren und hat Trink- und Schluckbeschwerden wie viele dieser Babys. Er braucht nur etwas Zeit, um den normalen Saug- und Schluckvorgang zu lernen."

Im Laufe des Vormittags versuchten wir mehrmals, Timo Tee zu geben, aber jedesmal fing er an zu husten, wurde blau und benötigte Sauerstoff.

Später kam der Arzt noch einmal, um uns zu sagen, daß er mit den Ärzten aus dem Kinderhospital Osnabrück gesprochen hätte. Sie wären der Meinung, Timo sollte dorthin verlegt werden, um erst einmal eine Ernährungssonde zu bekommen. Dann könnte er sich erholen und sicher bald selbst trinken. Laurenz und ich waren traurig, gaben jedoch unser Einverständnis.

Ich nahm Timo noch einmal auf den Arm und versuchte, ihn an meine Brust zu legen, damit er meinen Herzschlag hören konnte. Diese Position konnte er aber nicht lange aushalten, sein Gesicht verfärbte sich sogleich wieder bläulich.

Die Säuglingsschwester nahm mir Timo wieder aus dem Arm und legte ihn zurück ins Wärmebettchen. Dort bekam er Sauerstoff, und schon bald kehrte das rosige Aussehen zurück.

Wir hörten, wie der Krankenwagen vorfuhr. Eine Krankenschwester kam herein, um Timo abzuholen. Zuerst wurde er umgezogen. Nun trug er Kleidung aus dem Kinderhospital – ganz in Rosa. Unwillkürlich schoß mir durch den Kopf: Hoffentlich halten sie ihn nicht für ein Mädchen.

Timo wurde dann in einen sogenannten Transportbrutkasten gelegt – eine durchsichtige Kiste, die mit vielen technischen Geräten vollgestopft war. Wie ein Sarg, dachte ich traurig ...

Der Moment, in dem er herausgetragen wurde, hatte etwas sehr Endgültiges für uns. Laurenz hielt mich in den Armen. Weinend fragte ich ihn: „Warum muß Timo weg? Ich will, daß er bei uns bleibt."

„Gabi, das will ich auch", erwiderte Laurenz tröstend, „aber anscheinend ist er noch etwas zu schwach, und wir können ihm im Moment nicht weiterhelfen."

Während Laurenz kurze Zeit später zum Kinderhospital fuhr, um die Untersuchungsergebnisse in Erfahrung zu bringen, blieb ich mit dem Gefühl der absoluten Verlassenheit in der Klinik zurück.

Ich mußte unbedingt mit jemandem reden und rief meine Freundin Rita an. Ich redete mir alles von der Seele und betonte immer wieder, daß es sicher besser so für Timo sei. Wahrscheinlich wollte ich mich selbst beruhigen. Danach fühlte ich mich schon etwas besser.

Am Abend kam Laurenz aus dem Kinderhospital zurück. „Timo geht's gut", meinte er fröhlich, „er liegt im Brutkasten und schläft."

„Und?" fragte ich erwartungsvoll, „hat er etwas zu trinken bekommen?"

„Etwas Tee über eine Magensonde. Er ist ihm gut bekommen. Die Ärzte dort haben mich auch beruhigt. Es seien nur anfängliche Startschwierigkeiten, die sicher bald vorübergehen."

Anderntags bat ich den Arzt während der Visite um meine Entlassung. So schnell wie möglich wollte ich zu Timo. Da bei mir alles in Ordnung war, stimmte er zu. Daraufhin telefonierte ich mit einer Hebamme, die mich anschließend noch einige Tage zu Hause betreuen sollte.

Nach der Entlassung fuhren Laurenz und ich zuerst zum Mettinger Standesamt, um die Geburt unseres Sohnes anzumelden, und dann direkt zum Osnabrücker Kinderhospital. Dort angekommen, mußten wir einiges über uns ergehen lassen, um auf die Intensivstation zu gelangen. Wir mußten Plastikhüllen über die Schuhe ziehen, unseren Schmuck abnehmen und die Hände gründlich mit heißem Wasser waschen. Laurenz meldete uns telefonisch auf der Intensivstation an. Es summte, und die Tür öffnete sich.

Nachdem wir unsere Hände sterilisiert hatten, betraten wir eine neue, uns völlig fremde Welt. Mit weiten, grünen Kitteln bekleidet, gingen wir über einen Flur, der uns direkt zu Timos Zimmer führte.

Ich hatte Angst, mein Herz schlug wild. Überall standen Inkubatoren, in denen winzige Säuglinge lagen, an viele Geräte angeschlossen. Die Geräusche der Station wirkten unheimlich. Laufend schrillte aus irgendeiner Ecke des Raumes ein Alarmton, der eine Schwester herbeirief.

Als wir vor Timos Inkubator standen, mußte ich weinen. Wie hilflos, winzig, allem ausgeliefert lag er da schlafend im Brutkasten.

Eine Schwester zeigte uns, wie wir den Inkubator an der Seite öffnen konnten, um Timo zu streicheln. Es war ein kleiner Trost für uns, wenigstens seine Hand zu halten. Die Geräte, an die Timo angeschlossen war, machten mir viel Angst: ewig wechselnde Zahlen – ein Auf und Ab von Kurven.

Nach einiger Zeit kam ein Arzt und begrüßte uns: „Möchten Sie sich setzen, Frau Berens?“ fragte er mich freundlich und holte mir einen Stuhl. Dann erklärte er uns die Geräte: „Damit wird der Sauerstoffgehalt von Timos Haut gemessen und sein Herzschlag kontrolliert.“

Abschließend schlug er vor: „Wenn Sie möchten, können Sie Ihre Milch abpumpen, und wir ernähren Timo damit über die Sonde.“

Und ob ich wollte! Schließlich war es das Einzige, das ich für meinen kleinen Sohn tun konnte. Sechseinhalb Wochen pumpte und pumpte ich – dann ging nichts mehr. Meine seelische Belastung war einfach zu groß. Danach konnte ich Timo nur noch meine Anwesenheit als Trost und Hilfe in seinen schweren Tagen anbieten.

Jeden Tag fuhren Laurenz und ich ins Kinderhospital. Nach ein paar Tagen sagte uns eine Schwester, daß wir ihn auch mal in den Arm nehmen könnten.

Timo, der nur eine Windel trug, wurde aus dem Inkubator gehoben und komplett angezogen. Was für ein wunderbares Gefühl, mein Baby im Arm zu halten! In den Tagen zuvor hatte ich ihm gegenüber schon fast Berührungsängste entwickelt.

Timo war sehr schlapp und schlief die ganze Zeit in meinen oder Laurenz Armen. Als er wieder in seinem Inkubator lag, kam eine Ärztin, um ihm Blut für eine Blutgasanalyse abzunehmen.

Schon öfter hatte ich dabei zugesehen, doch immer wieder tat es mir weh, wenn er gestochen wurde.

Um sich abzulenken, fragte Laurenz die Ärztin: „Wie kommen Sie mit den Untersuchungen bei Timo voran? Wissen Sie mittlerweile schon, warum er immer noch Trinkschwierigkeiten hat?"

„Einige Untersuchungen haben wir schon gemacht, aber es ist nichts Auffälliges dabei herausgekommen", antwortete sie, während sie Timo wieder in sein Bettchen legte. „Allerdings würden wir gerne eine Chromosomenanalyse bei ihm durchführen."

Wir waren schockiert. Chromosomenanalyse? Wozu? dachte ich voller Angst. Was können Timos Trinkschwierigkeiten mit Chromosomen zu tun haben?

Die Fragen überschlugen sich in meinem Kopf. Irgendwie war ich nicht fähig, einen klaren Gedanken zu fassen, geschweige denn, der Ärztin eine vernünftige Frage zu stellen. Ich hörte Laurenz fragen: „Wozu brauchen Sie eine Chromosomenanalyse? Ist irgend etwas nicht in Ordnung?"

Mit vorsichtigen Worten erklärte uns die Ärztin, daß Timos Aussehen einige Auffälligkeiten aufwiese.

„Seine Ohrform ist etwas ungewöhnlich", meinte sie ernst, „und die Ohren sitzen sehr tief. Auch seine Nase ist von der Form her auffällig, ebenso die Augenachsen."

Ich weiß noch, wie ich richtig wütend wurde und dachte: Jetzt spinnt sie total! Mein Sohn ist so niedlich. Soll nun mit Gewalt etwas bei ihm gefunden werden? In Gedanken vertieft, hörte ich Laurenz erneut fragen: „Heißt das, es besteht die Vermutung, daß unser Timo in irgend einer Form behindert ist?“

Die abwägende Antwort der Ärztin lautete: „Ja, Herr Berens, die Möglichkeit besteht leider. Genaueres wird uns die Chromosomenanalyse zeigen.“

Kaum noch in der Lage, einen vernünftigen Gedanken zu fassen, hörte ich nur noch an mir vorbeirauschen, was die Ärztin mit Laurenz beredete. Es fielen Worte wie: tief ansitzende Ohren – breite Nasenwurzel – ein hoher, spitzer Gaumen, aber keine mongoloide Lidachsenstellung. Ich sah unseren Timo im Inkubator friedlich schlafen, und alles kam mir so unwirklich vor.

Auf dem Heimweg im Auto konnte ich die Tränen nicht mehr zurückhalten. Ich weinte und weinte. Nichts konnte mich mehr beruhigen.

„Laurenz, kannst du begreifen, was wir da eben gehört haben?“ schluchzte ich, während ich das Gefühl hatte, meine heile Welt brach zusammen und drohte mich unter sich zu begraben. „Ich kann nicht mehr klar denken – ich habe so furchtbare Angst.“

Laurenz, wesentlich gefaßter als ich, sagte fest: „Gabi, wir müssen jetzt beide ganz stark sein, denn wenn Timo wirklich krank ist, wird er unsere Liebe doppelt brauchen. Timo ist unser Wunschkind – ein Geschenk Gottes an uns, und wir nehmen ihn an, wie er ist.“

Nie werde ich diese Worte vergessen! Sie erreichten die Tiefe meiner Seele und trösteten mich. Ja, dachte ich beruhigt, Laurenz hat recht: Timo ist ein Wunschkind, und wir lieben ihn – alles andere wird sich geben.

In den nächsten Tagen tat sich nichts Besonderes. Timo fing an, aus der Flasche zu trinken, und manchmal war er auch schon für längere Zeit wach.

Ich beobachtete Timo sehr wachsam, und wenn er mal vor Müdigkeit mit den Augen rollte und nur noch das Weiße vom Augapfel zu sehen war, geriet ich beinahe in Panik. Sofort fragte ich nach, ob noch alles mit Timo in Ordnung sei. Man beruhigte mich.

Unsere Zeit verlief jetzt nach einem bestimmten Muster. Sobald Laurenz von der Arbeit kam, fuhren wir in die Kinderklinik und besuchten Timo. Manchmal brachten mich auch Freunde oder Nachbarn zur Klinik. Dadurch konnte ich mehr Zeit bei Timo verbringen. Laurenz kam später nach.

Umziehen, Sterilisieren und die anderen Rituale waren schon zur Routine geworden, und die Intensivstation hatte inzwischen ihren Schrecken verloren; die Ärzte und Schwestern waren sehr nett und aufmerksam. Bereitwillig beantworteten sie unsere vielen Fragen.

Mittlerweile waren noch einige Untersuchungen bei Timo gemacht worden, die aber normale Ergebnisse gezeigt hatten. Nach einigen Wochen war auch der Befund der Chromosomenanalyse da. Ein Arzt erklärte uns, daß sie einen normalen Befund ergeben hatte. Hier war also auch alles in Ordnung. Eigentlich hätte ich erleichtert sein müssen, aber zu dem Zeitpunkt spürte ich schon, daß trotzdem etwas mit Timo nicht in Ordnung war . . .

Er war immer noch sehr schlaff und müde, während manche später geborene Babys schon in ihren Inkubatoren herumturnten. Auch das Trinken klappte nicht so gut wie bei den anderen Kindern. Timo verschluckte sich häufig und hatte immer noch keinen besonderen Saugreflex.

Dieses Gefühl, daß irgend etwas mit Timo nicht in Ordnung war, wir aber nicht wußten, was es war, machte Laurenz und mir große Sorgen. Dabei stand nicht die

Behinderung im Vordergrund, es ging uns nur darum, daß es ihm besser gehen sollte. Der Krankenhausalltag nahm unser Leben so sehr in Anspruch, daß wir uns die Konsequenz einer Behinderung überhaupt noch nicht vorstellen konnten. Wie schön wäre es, dachte ich, wenn er normal trinken lernte und endlich zu uns nach Hause könnte! Wir nahmen uns vor, alles für seine Entwicklung zu tun.

Manchmal, wenn ich bei dem schlafenden Kind am Bett saß, gingen meine Gedanken die ganze Schwangerschaft noch einmal durch. War irgend etwas vorgefallen, das meinen Sohn in seiner Entwicklung geschädigt hatte? Ich kam zu keinem Ergebnis; ich hatte weder geraucht, noch Alkohol getrunken, und Medikamente nahm ich auch nicht. Es ging mir im großen und ganzen während der Schwangerschaft gut. Wo also lag die Ursache für Timos Schwierigkeiten? Hätte ich als Mutter nicht schon vor der Geburt etwas spüren müssen? Unter Träumen oder Vorahnungen hatte ich nicht gelitten.

Laurenz machte sich genauso viele Gedanken über Timos ungewissen Zustand, und wir litten beide stark unter unserer Hilflosigkeit. Aber wir waren nicht die einzigen, die sich um Timo sorgten.

Ich erinnere mich, wie meine Mutter einmal traurig zu mir sagte: „Meinem kleinen Enkel geht es nicht gut, und ich kann nichts tun, um ihm zu helfen. Nur hilflos zuzusehen, damit werde ich einfach nicht fertig."

„Ach, Mama", sagte ich dankbar, „wir wissen, daß Papa und du alles für uns tun würdet. Aber wir sind im Augenblick auch völlig hilflos. Selbst ich als Mutter kann im Moment nicht mehr tun, als zu versuchen, meinem Kind durch ständige Anwesenheit Kraft zu geben."

„Wenn ich nur wüßte, wie ich euch helfen könnte . . .", meinte sie nachdenklich.

„Du und Papa, ihr tut doch schon so viel für uns. Allein der Gedanke, daß ihr jederzeit für uns da seid, ist sehr tröstlich. Als Kind habe ich durch euer Vorbild gelernt, wie wichtig es ist, in schweren Zeiten liebevoll zueinanderzustehen. Das kann ich jetzt auf meine eigene Familie übertragen. Und jeder Anruf, jeder Besuch von euch geben uns Trost und Kraft."

Es waren nicht nur meine, sondern auch Laurenz Eltern, unsere Geschwister, Freunde und Nachbarn, die uns immer wieder ihre Hilfe und Unterstützung anboten. Für ihr ehrliches Mitgefühl, die tröstenden Worte und Taten waren Laurenz und ich sehr dankbar, denn sie halfen uns damit, die schweren Stunden besser durchzustehen. Noch heute spüre ich in meinem Herzen, wie stark uns die Liebe dieser Menschen getragen hat.

Dann begann eine Zeit, in der Timo sehr unruhig wurde. Es war eine furchtbare innere Unruhe: Er weinte, er schrie und war kaum zu beruhigen. Und wenn er sich so aufregte, brauchte er natürlich wieder zusätzlichen Sauerstoff. Meistens endete sein innerer Kampf damit, daß er starke Beruhigungsmittel bekam. Später hieß es im Kinderhospital nur noch: „Timo tobt mal wieder."

Mir tat es immer weh, diese Worte zu hören, denn ich wußte, es endete stets mit starken Medikamenten. Selbst ich konnte ihn nicht beruhigen; in solchen Situationen war Timo so außer sich, daß er nicht einmal mehr auf mich reagierte. Auch spürte ich, wie sich seine kleine Kinderseele gegen das schmerzhafte Leben im Krankenhaus zu wehren schien.

Später, zu Hause, bei ähnlichen Situationen, merkte ich, daß er in solchen Momenten unter furchtbaren Bauchschmerzen litt.

Timo war nun ungefähr vier Wochen in der Klinik, und man sprach schon von baldiger Entlassung. Wir hatten große Hoffnung, ihn nun endlich mit nach Hause zu nehmen. Unsere Eltern, Geschwister, Freunde und Nachbarn freuten sich schon darauf, ihn kennenzulernen. Sie hatten ja mit uns um ihn gebangt.

Aus der Entlassung wurde dann aber doch nichts, weil eines Morgens beim Füttern viel Nahrung in seine Luftröhre gelangt war, was eine starke Lungenentzündung zur Folge hatte.

Jetzt wurde ständig zusätzlich Sauerstoff in sein Wärmebettchen geleitet. Er hatte auch wieder eine Magensonde; aus der Flasche zu trinken, schaffte er nicht mehr. Sein Gesundheitszustand war sehr ernst, und all unsere Ängste waren wieder da.

Immer wieder beteten wir: „Lieber Gott, bitte – laß unseren Timo gesund werden. Gib ihm die Kraft durchzuhalten."

Manchmal konnte ich ihn kurz aus dem Bettchen heben und liebevoll in meinen Arm nehmen, aber ich mußte den Trichter mit Sauerstoff vor sein Gesicht halten, sonst wäre er sofort blau angelaufen.

Die Tage schleppten sich dahin. Die Angst und Sorge um Timos Zustand bedrängten uns. Mein Tagesablauf schien nur noch aus den Fahrten zum Krankenhaus zu bestehen. Und wenn ich dann abends zu Hause war, griff ich wieder zum Telefon, um auf der Station anzurufen.

Die Ärzte und Schwestern gaben uns immer bereitwillig einen ausführlichen Bericht über Timos Zustand. Oft boten sie uns an, daß wir auch jederzeit nachts anrufen könnten, wenn unsere Sorge zu groß sei, worauf viele nächtliche Anrufe folgten.

Hatte sich Timos Zustand verschlechtert, fuhren wir

spät abends oder nachts noch einmal los, um bei ihm zu sein. Für Laurenz und mich waren die Situationen, in denen Timo ums nackte Überleben kämpfte, einfach furchtbar. Von einer Minute zur anderen versagte sein kleines Herz, oder er atmete plötzlich nicht mehr. Zum Glück haben die Ärzte und Schwestern es immer wieder geschafft, Timo mit Hilfe des Ambubeutels – ein Gerät, mit dem man per Hand künstliche Beatmungen vornehmen kann – und manchmal sogar durch eine Herzmassage zu reanimieren.

In diesen kritischen Situationen ruhig zu bleiben und aufzupassen, daß ich den Ärzten und Schwestern nicht im Weg stand oder sie bei ihrer Arbeit behinderte, war besonders schwierig für mich. Die große Hilflosigkeit der Eltern in Kliniken wird in solch schrecklichen Augenblicken fast übermächtig. Man kann nichts für sein eigenes Kind tun, das da im Bett liegt und mit dem Tod ringt.

Wie oft habe ich gedacht: Was muß Timo jetzt für eine große Panik haben! Gibt es etwas Schlimmeres, als keine Luft zu bekommen? Die Not in diesen Situationen ist einfach furchtbar. Schon für mich als Mutter war es immer wieder schlimm, solche entsetzlichen Momente zu erleben.

Wenn es Timo dann etwas besser ging, zitterte ich am ganzen Körper, war naßgeschwitzt und hatte furchtbares Herzrasen. Aber langsam lernte ich, meine Panik zu unterdrücken und ruhig zu bleiben. Das sollte mir später zu Hause sehr helfen, wenn es darauf ankam, ruhig und besonnen zu handeln.

Nach einigen Wochen hatte sich Timos Zustand etwas stabilisiert, und es ging wieder bergauf. Er wurde kräftiger und war nicht mehr so schlapp wie vorher. Sein größtes Problem blieb allerdings die Atemnot. Es konnte stunden-, sogar tagelang gutgehen, daß er ausreichend Luft bekam, um sich dann schlagartig von einer Sekunde auf die andere zu ändern. Er lief blau an, weil der Körper nicht mehr ausreichend mit Sauerstoff versorgt wurde.

Um dieser Atemnot auf den Grund zu gehen, sollte Timo nach Hannover in die Medizinische Hochschule gebracht werden. Dort wollte man eine Bronchoskopie machen. Dabei sollte ihm in Vollnarkose ein starres Rohr durch den Mund in die Luftröhre geschoben werden, damit der Arzt eine Möglichkeit hatte, seinen Hals zu untersuchen.

Unser Timo war kaum drei Monate alt, als er wieder in einen Transportinkubator gepackt und mit dem Krankenwagen nach Hannover gefahren wurde.

Gleich in den ersten Stunden in Hannover fing der Schrecken an. Timo litt konstant unter Atemnot und wurde blau. Nach Aussage der Ärzte in Hannover kam man nachts nicht umhin, ihn zu intubieren, das heißt: Timo wurde ein Schlauch durch die Nase in die Luftröhre geführt, durch den er künstlich beatmet wurde.

Vorher war uns von den Ärzten in Osnabrück immer wieder erklärt worden, daß man versuchen wolle, die künstliche Beatmung möglichst zu vermeiden. Timo hätte später enorme Schwierigkeiten, wieder davon loszukommen. Nun war dieser Notstand doch da – und wir waren schockiert! Wir als Eltern wurden gar nicht gefragt, wir hatten uns damit abzufinden.

Timo ging es in Hannover wieder sehr schlecht. Er war ziemlich apathisch, und wir durften immer nur ganz kurz bei ihm sein. Jetzt bekamen Laurenz und ich es am eigenen Leib zu spüren, was es heißt, ein Kind in so einer großen Klinik zu haben.

Dort auf der Intensivstation gab es ganz andere Fälle als in Osnabrück, und es herrschte meistens große Hektik.

Wir hatten ständig das Gefühl, im Weg zu stehen. Oft wurden wir aus dem Zimmer geschickt, wenn ein anderer kleiner Patient untersucht oder behandelt werden mußte.

Zu dem Zeitpunkt hatten wir noch kein Elternappartement in der Klinik und fuhren, so oft es ging, nach Hannover. Waren wir wieder zu Hause, gaben wir ein kleines Vermögen aus, um telefonisch ständig über Timos Zustand informiert zu sein. Später, als er bei uns war und nur zwischendurch mal wieder zu verschiedenen Untersuchungen dorthin mußte, bestand ich immer darauf, ein Bett in Timos Zimmer zu bekommen. Damals hatte man mir gar nicht gesagt, daß es diese Möglichkeit gab.

Die Tage zwischen den Fahrten nach Hannover nutzten Laurenz und ich, um uns abzulenken. Wir besuchten Freunde, machten Einkaufsbummel und taten viele Dinge, zu denen wir durch unsere ständigen Krankenhausbesuche nicht gekommen waren. In diesen Phasen konnten wir uns etwas erholen und Kräfte sammeln.

Unser Leben ging weiter. Am einfachsten war es für uns, wenn alles außerhalb der Klinik in seinen gewohnten Bahnen verlief. Das gab uns die nötige Ruhe und Sicherheit, aus der wir dann wieder Mut schöpften, um neue Nachrichten aus Hannover zu verkraften.

Unsere Familien, Freunde und Nachbarn taten alles für uns, um uns die Situation zu erleichtern. Mit ihnen zu reden war für uns ungeheuer wichtig geworden. Auch für die Beziehung zwischen Laurenz und mir war es gut, mit Außenstehenden zu sprechen.

Alle Menschen, die uns lieb und wichtig waren, hielten wir über Timos Gesundheitszustand auf dem Laufenden. Laurenz und ich haben nie etwas beschönigt. Alle wußten Bescheid und haben uns viele liebe und gute

Worte des Trostes vermittelt.

Obwohl wir offen über Timos Zustand reden konnten, gab es auch andererseits Situationen, in denen ich die Fragen nach Timo einfach nicht mehr ertragen konnte. Manchmal war ich es schlichtweg leid, sein Befinden ständig in allen Einzelheiten erklären zu müssen.

Als ich wieder einmal an die Grenze meiner Belastbarkeit gestoßen war, sagte ich entnervt zu Laurenz: „Mir reicht es langsam. Ich kann diese ewige Fragerei nicht mehr hören."

„Gabi, ich verstehe dich ja", sagte Laurenz beschwichtigend, „aber was erwartest du von deinen Mitmenschen? Würde sich keiner nach Timo erkundigen, wäre es dir auch nicht recht."

„Natürlich weiß ich, wie liebevoll die Fragen gemeint sind", antwortete ich etwas gereizt, „es wäre nur schön, wenn ich statt der Erklärung, daß Timo zur Zeit noch 50 % Sauerstoff braucht, sagen könnte, daß er sich zum ersten Mal allein umgedreht hat und anfängt, Spielzeug in die Hand zu nehmen."

„Da hast du recht", gab Laurenz zu, „natürlich würde auch ich lieber so etwas sagen. Aber glaube mir, es werden Tage kommen, wo wir voller Stolz Timos Fortschritte erzählen können."

Oft schon habe ich gehört, daß eine Familie Freunde verliert und kaum noch Kontakte zu anderen Menschen hat, wenn ein behindertes oder krankes Kind geboren wird. Bei uns war das glücklicherweise nicht der Fall. Unsere Freunde sind uns geblieben. Selbst als Timo nach Hause kam und wir unter großer Belastung und Streß standen, haben wir uns Zeit genommen für sie. Vielleicht spielte auch unsere Aufrichtigkeit, die Dinge beim Namen zu nennen, eine Rolle für die gute Beziehung zu unseren Freunden. Sie konnten dadurch viel unbefangener mit dem Kind umgehen; viele Menschen verhalten sich ja nur aus Unsicherheit so distanziert gegenüber behinderten Menschen.

In den ersten Jahren sind wir einige Male ausgegangen, aber eigentlich immer getrennt. Mal war Laurenz bei Timo und ich im Kino oder auf einer Feier – mal umgekehrt. Das brachte uns etwas Abstand zu unseren Ängsten und Sorgen um Timo. Selbst in den schwierigen Zeiten gab es so Situationen, in denen wir sehr fröhlich und ausgelassen waren.

Bei diesen Anlässen gelang es mir manchmal, meine Sorgen und Ängste für einige Stunden loszulassen. Ich konnte dann sogar unbeschwert lachen.

Gern erinnere ich mich an eine Geburtstagsfeier innerhalb der Familie. Das Geburtstagskind bekam einige witzige Aufgaben gestellt. Unter anderem mußten Luftballons, die an einer langen Schnur aufgehängt waren, zerstochen werden. Es galt nun, dem Inhalt der zerplatzten Luftballons geschickt auszuweichen. Der sich auf das Geburtstagskind herabgießende Segen war entweder angenehm oder äußerst frustrierend: Geldregen, Konfetti, eine Wasserdusche oder ähnlich originelle Dinge.

Ich erinnere mich noch genau daran, wie ich von dieser Feier nach Hause kam und Laurenz, der bei Timo geblieben war, fröhlich alles erzählte. Dabei mußte ich aber auch feststellen, daß viele Dinge ihre eigene Situationskomik hatten und ich gar nicht in der Lage war, sie durch Worte zu vermitteln, da Laurenz an dem Abend mit Timos trauriger Situation konfrontiert war.

In solchen Augenblicken wuchs dann der Wunsch in mir, mehr Freizeit gemeinsam mit Laurenz verbringen zu können, doch letztlich siegte immer die Vernunft und die

Sorge um Timo. Ich sagte mir immer, daß ich nur in der Gegenwart und nicht in der Zukunft oder Vergangenheit leben und genießen kann.

Manchmal, wenn ich so unbeschwert gelacht hatte, bekam ich hinterher ein schlechtes Gewissen und machte mir Vorwürfe, daß ich so ausgelassen war, während es Timo so schlecht ging.

Heute weiß ich, daß solche Gedanken Unsinn sind. Freude gehört genau wie das Leid zum Leben. Gerade durch das Leid konnte ich die fröhlichen Stunden doppelt empfinden und genießen. Während dieser Zeit tankte ich geradezu Freude auf und verwandelte sie in Kraft für Timo.

Die Zeit verging – und Timo war schon fast zwei Wochen in Hannover. Sein Zustand war gleichbleibend schlecht. Die Ärzte auf der Intensivstation hatten an Tagen, an denen sein Zustand einigermaßen stabil war, versucht, den Tubus zu ziehen, damit er wieder allein atmen mußte.

Jedesmal war er blau angelaufen und hatte so massive Atemprobleme bekommen, daß er weiterhin künstlich beatmet werden mußte. Dadurch wurden wir wieder mit einer neuen Situation konfrontiert.

Der Arzt, der Timo betreute, bat uns zu einem Gespräch in sein Zimmer. Nachdem er uns Platz angeboten hatte, meinte er: „Wie Sie wissen, leidet ihr Sohn unter massiven Atemproblemen. Die künstliche Beatmung können wir nicht länger aufrechterhalten, weil seine Luftröhre und speziell seine Stimmbänder durch zu lange Beatmungszeiten stark geschädigt würden. Deshalb haben wir uns entschlossen, ihm mit einer Trachealkanüle weiterzuhelfen."

„Was ist eine Trachealkanüle?" fragte ich den Arzt mit bangem Herzen.

„Man legt einen Luftröhrenschnitt; danach wird ein kleines Röhrchen in den Hals gehängt. Durch diese Kanüle umgeht man die ganze Problematik der oberen Luftwege. Das Atmen und Absaugen wird so wesentlich einfacher für den Kleinen“, antwortete er.

„Wie lange müßte Timo denn mit so einer Kanüle leben? Könnte er damit auch nach Hause kommen?“ fragte Laurenz, der die ganze Zeit über schweigend zugehört hatte.

„Das hängt ganz von seinem jeweiligen Zustand ab. Hat sich Ihr Sohn erst einmal von all den Strapazen erholt, wird er sicher schnell einen so stabilen Zustand erreichen, daß die Trachetomie wieder rückgängig gemacht werden kann. Viele Kinder leben mit einer Kanüle zu Hause, und es gibt kaum Probleme damit“, erklärte uns der Arzt.

Alles scheint für die Ärzte klar und einfach zu sein, dachte ich bitter. Wir sollten nur noch die Einverständniserklärung unterschreiben.

Betroffen von dieser neuen Situation besprachen Laurenz und ich den Vorschlag. Hatten wir überhaupt eine Alternative? Nein! Aber war wirklich alles so einfach? Brächte diese Operation wirklich Erleichterung in Timos Leben? So viele Fragen – und keine Antworten!

Wir haben die Unterschrift dann gegeben, nicht aus innerer Überzeugung, sondern aus dem Gefühl, gar keine andere Wahl zu haben. Des öfteren hatte ich in den Wochen zuvor zu Laurenz gesagt: „Manchmal habe ich das Gefühl, daß Timo gar nicht mehr unser Kind, sondern das der Ärzte ist. Wir als Eltern hatten im Grunde genommen doch kaum eine Möglichkeit, irgend etwas für ihn zu entscheiden.“

Kapitel 3

Lernen heilt nichts
Streben heilt einiges
Dienen heilt vieles
Lieben heilt alles.

Ende September 1984 – Timo war noch keine drei Monate alt – wurde ihm durch einen Luftröhrenschnitt eine Kanüle eingesetzt. Er überstand den Eingriff erstaunlich gut.

Bei der Operation stellten die Ärzte dann fest, daß der hintere Teil von Timos Stimmbändern zusammengewachsen war. Die Stimmlippen waren nur eingeschränkt beweglich und die Luftröhre dadurch im Durchmesser eingeengt. Die Atemnot, mit der Timo die ganzen Wochen über zu kämpfen hatte, war nun endlich geklärt und die Trachetomie gerechtfertigt. Wie erleichtert waren wir, weil endlich einmal eine klare Diagnose gestellt werden konnte. Jetzt konnte es mit Timos Zustand nur besser werden.

Wir waren glücklich, als Timo eine Woche später ins Osnabrücker Kinderhospital zurückverlegt wurde. Jetzt wird es von Tag zu Tag besser, sagten wir uns, bald kommt er zu uns nach Hause. In Hannover hatte man uns schon darauf vorbereitet, wie Timo mit vielen Geräten und Überwachungsanlagen zu Hause versorgt werden könnte. Die Praxis allerdings mußten wir jetzt noch in Osnabrück erlernen.

In Osnabrück wurde Timo weiterhin durch die Kanüle künstlich beatmet. Wir wußten, daß sich sein Zustand erst stabilisieren mußte, bevor wir überhaupt an eine Pflegeeinführung denken konnten.

Die Zeit verging, aber immer, wenn die Ärzte versuchten, Timos Beatmungsschläuche zu entfernen, bekam er derart massive Atemprobleme, daß man ihn sofort wieder an die Beatmungsmaschine anschloß. Jeder Versuch scheiterte.

Laurenz und ich wurden immer fassungsloser, denn so hatten wir uns das Ergebnis der Operation nicht vorgestellt. Nach Aussagen der Ärzte in Hannover sollte seine Atemproblematik mit der Kanüle wesentlich besser werden.

In dieser schweren Phase führten wir ein Gespräch mit einer Ärztin, die unseren Timo betreute. Behutsam versuchte sie uns klarzumachen, daß bei ihm außer seinen Lungenproblemen auch sonst noch viele Auffälligkeiten vorhanden waren. „Leider können wir Timos Schwierigkeiten nicht einordnen. Es gibt so viele verschiedene Krankheitsbilder. Manchmal lassen sich die Probleme eines Kindes einem bestimmten Syndrom zuordnen, wie zum Beispiel dem Down Syndrom, auch unter Mongolismus bekannt. Bei Timo stehen wir allerdings vor einem Rätsel. Wir können Ihnen daher auch nicht sagen, wie seine Entwicklung verlaufen wird, offensichtlich ist sie jedoch nicht altersgemäß.“

„Können wir denn überhaupt von Timo eine altersgemäße Entwicklung erwarten nach dem, was sein kleiner Körper und seine Seele schon alles verkraften mußten?“ gab ich zu bedenken.

„Natürlich müssen wir ihm mehr Zeit geben als einem gesunden Kind“, entgegnete die Ärztin, „aber trotzdem hinkt er massiv körperlich, sowie geistig hinter seinem normalem Entwicklungsstand her.“

„Und? Was können wir überhaupt für Timo tun?“ fragte ich bedrückt.

„Frau Berens, leider ist seine Krankengeschichte so kompliziert, daß im Moment keiner weiß, wie es überhaupt weitergeht. Unsere Krankengymnastin kümmert sich um Timo. Sie sind den ganzen Tag bei ihm – mehr können Sie für Ihren Sohn im Moment nicht tun."

„Müssen wir also letztendlich mit einer konstanten körperlichen oder geistigen Behinderung bei Timo rechnen?" fragte Laurenz, der die ganze Zeit schweigend neben uns gestanden hatte.

„Ich fürchte ja", antwortete die Ärztin.

Lange standen wir nach diesem Gespräch in Gedanken versunken an Timos Bett. Er schlief. Unendlich traurig, aber voller Liebe streichelten wir seine Händchen. Jeder hing seinen eigenen Gedanken nach. Was mochte die Zukunft uns noch alles bringen?

Als abends endlich Ruhe eingekehrt war, kuschelten Laurenz und ich uns auf dem Sofa aneinander und versuchten, etwas Klarheit in unsere Gedanken zu bringen. Was war denn nur plötzlich mit uns und unserem Leben los? Noch vor gar nicht langer Zeit dachten wir, alles wäre vorausplanbar und liefe in geraden Bahnen. Hatte das Schicksal uns vielleicht etwas anderes zugedacht? Was bedeutete eine eventuelle Behinderung unseres Kindes – für uns und unser gemeinsames Leben?

„Ich habe in meinem Leben noch nicht viel Erfahrungen mit behinderten Menschen sammeln können", sagte Laurenz nachdenklich, „hattest du nicht einen behinderten Cousin?"

„Eigenartig", erwiderte ich und schaute Laurenz verwundert an, „an Alfred habe ich auch gerade gedacht."

„Erzähl doch mal, was war mit ihm?"

Meine Gedanken schweiften zurück.

„Alfred wurde 1958 geboren und war körperbehindert. Seine Halswirbel waren nicht vollständig vorhanden, teilweise sogar verkümmert. Lange Zeit lebte er in Kliniken.

Meine Tante und mein Onkel mußten immer weite Strecken mit einem geliehenen Motorrad fahren, um ihr Kind überhaupt sehen zu können. Es wurden einige Experimente mit Alfreds kleinem Körper gemacht. Durch Eingipsen verschiedener Körperteile versuchte man, sie in ihre richtige Position zu bringen.

Des öfteren deutete meine Tante den Ärzten gegenüber ihre Befürchtungen an, daß sich ihr Kind in der Klinik mehr zurück- als weiterentwickele. Trotzdem wurde ihr davon abgeraten, Alfred mit nach Hause zu nehmen, bis plötzlich eines Tages dann doch ein Anruf kam, meine Tante und mein Onkel sollten Alfred aus der Klinik holen. Es ginge ihm sehr schlecht, er habe wahrscheinlich nur noch einige Tage zu leben, und der Transport mit dem Leichenwagen wäre zu teuer."

„Das darf doch wohl nicht wahr sein!" unterbrach mich Laurenz fassungslos.

„Doch, Laurenz, das war wirklich so. Aber es geht noch weiter: Mehr tot als lebendig kam der kleine Alfred zu seinen Eltern nach Hause. Sie packten ihn dann buchstäblich in Watte. Jede unvorsichtige Bewegung hätte den Tod des Kleinen bedeutet. Aber Alfred überlebte und wuchs heran. Geistig war er völlig normal, nur sein kleiner Körper war verkrüppelt."

„Gab es damals denn noch keine Frühförderung oder Krankengymnastik?" fragte Laurenz.

„Nicht in dem Maße wie heute. Sie hätte sicherlich viel dazu beigetragen, Alfreds körperlichen Zustand zu stärken und zu stabilisieren. Es gab zwar gelegentlich Untersuchungen vom Gesundheitsamt. Die Ärzte sagten nur immer zu meiner Tante und meinem Onkel, daß sie ihrem Kind soviel Liebe geben sollten, wie sie könnten."

„Stimmt!" warf Laurenz ein, „bei all der medizinischen Hilfe ist das etwas, was in erster Linie Eltern geben können."

„Richtig", bestätigte ich Laurenz Gedanken, die ich sehr gut nachvollziehen konnte, und erinnerte mich weiter: „Trotz allem schaffte Alfred es, seine körperliche Schwäche soweit zu überwinden, daß er im Rollstuhl sitzen, einen Arm und eine Hand bewegen konnte. Als er älter wurde, lernte er auch mit Hilfe seiner Mitmenschen, einige kleine Schritte zu laufen."

„Konnte deine Tante ihn zu Hause selbst versorgen?"

„Alfred besuchte einen Kindergarten, der sowohl für Körper- als auch für Geistigbehinderte eingerichtet war."

„Ach ja, in der Zeit wurde ja noch gar nicht differenziert zwischen den verschiedenen Behinderungen", gab Laurenz zu bedenken.

„Genau, alles stand noch in den Anfängen. Später besuchte Alfred eine Schule für Geistig-Behinderte. Stell dir vor, Laurenz, seine Eltern mußten sogar erklären, daß er nicht nur körperlich, sondern auch geistig behindert war, damit er überhaupt zum Kindergarten und später zur Schule gehen konnte."

„Und? Ging er gern zur Schule?" fragte Laurenz aufmerksam.

„O ja. Er liebte den Umgang mit anderen Menschen. Ich habe ihn nur fröhlich in Erinnerung. Nie hat er sich über seine körperlichen Leiden beschwert. Meine beiden Schwestern und mich liebte Alfred heiß und innig. Ständig bettelte er bei meiner Tante, daß er zu uns fahren durfte."

„Ich kann mir vorstellen, daß du ihn auch gern gemocht hast."

„Und wie! Nie machte ich mir als Kind irgendwelche Gedanken darüber, daß Alfred anders war als ich. Wir spielten gern mit ihm, und es war die normalste Sache der Welt für uns. Besonders Rollenspiele lagen Alfred, am allerliebsten spielte er Reporter. Mit seinem Kassettenrecorder nahm er alles auf, und nie war man vor einem Interview sicher. Er konnte einem das Hemd aus der Hose fragen und hatte die ulkigsten Sprüche auf Lager. Da er Sport, insbesondere Fußball sehr liebte, war sein Traumberuf der eines Sportreporters."

„Das blieb sicher nur ein Traum für ihn", meinte Laurenz.

„Ja, leider", warf ich ein und fuhr fort mit meiner Erzählung: „Als er aus der Schule kam, wurde er in die beschützenden Werkstätten aufgenommen. Dort war er jedoch völlig unterfordert. Kannst du dir vorstellen, wie unglücklich er war, immer nur Tüten zu kleben?"

Laurenz nickte.

„Ich erinnere mich noch gut an eine Episode, als ich sechzehn war. Mit meiner Tante, meinem Onkel und Alfred machten wir im Sauerland Urlaub. Du glaubst gar nicht, wieviel Spaß Alfred und ich zusammen hatten, wie unbekümmert und fröhlich wir in dieser Zeit waren! Aus Platzgründen mußten wir beide uns ein französisches Bett teilen und erzählten oft bis spät in die Nacht unsere Träume, aber auch unsere Ängste und Sorgen. Unser nächster gemeinsamer Urlaub war schon geplant, aber leider kam alles anders."

Bewegt schwieg ich eine Weile, ehe ich weitersprechen konnte: „Im März 1979 starb Alfred mit 20 Jahren an einer Lungenentzündung. Kannst du dir vorstellen, wie traurig ich damals war? Ich fand es furchtbar, wenn jemand sagte, das sei doch besser so, nun habe er seine Ruhe und brauche sich nicht mehr zu quälen. Dabei wußte ich, wie gerne und intensiv Alfred gelebt hatte."

„Wie haben deine Tante und dein Onkel denn alles verkraftet?" fragte Laurenz mich, nachdem er mir so lange zugehört hatte.

„Meinst du Alfreds Tod? Das war sehr hart für sie", erwiderte ich.

„Ich meinte mit meiner Frage eher das gemeinsame Leben mit ihrem Sohn."

„Weißt du, ich habe ihr Zusammenleben stets als fröhlich und positiv empfunden. Nur die Tatsache, daß Alfred seine Mutter als junger Mann ziemlich herumkommandieren konnte, störte mich etwas. Er ist immer überall mitgenommen worden. Jeder kannte und mochte ihn. Wie freute ich mich immer, wenn ich hörte, daß Alfred kam! Beim Spazierengehen machten wir Kinder regelmäßig Wettrennen mit Alfred in seinem Rollstuhl, und er trieb uns dabei zu sportlichen Höchstleistungen an."

Ich schwieg eine Weile und hing so meinen Gedanken nach, dann fuhr ich fort: „In meiner Erinnerung gibt es keine Traurigkeit, aber ich vermute mal, daß meine Tante und mein Onkel viel Kraft und Mut brauchten, um diesen Weg mit Alfred zu gehen."

„Meinst du, Gabi, wir haben auch genug Kraft und Mut, um unser gemeinsames Leben mit Timo zu leben", fragte mich Laurenz plötzlich mit traurigem Unterton.

Ich nahm ihn in meine Arme und flüsterte: „Ich hoffe es wirklich. Wir dürfen uns nicht verrückt machen, indem wir ständig überlegen, was die Zukunft bringen wird. Wir sollten alles auf uns zukommen lassen, denn wir haben soviel Liebe für Timo in unseren Herzen, Laurenz. Laß uns immer daran denken, daß alles wieder gut wird."

Die Ungewißheit über Timos Krankheit lastete schwer auf uns. Wenn wir wenigstens gewußt hätten, was ihm eigentlich wirklich fehlte, dann wäre der Gedanke an die Zukunft einfacher gewesen. Aber so wußten wir einfach nicht, worauf wir uns einstellen sollten.

Manchmal ging es unserem Timo so schlecht, daß es schien, als hätten wir gar keine gemeinsame Zukunft mehr mit ihm.

Wenn ich zu Hause war, ging ich oft an die Kinderkommode und schaute mir die Babysachen an, die ich vor der Geburt für Timo gekauft hatte. Dabei stellte ich mir vor, wie er wohl in diesen Sachen aussehen würde. Manche waren ihm bestimmt schon viel zu klein geworden. Dann wurde ich immer besonders traurig, denn ich fühlte mich um die glückliche Zeit, die andere Mütter mit ihren Babys haben, betrogen. Oft verbarg ich mein Gesicht in den weichen Strampelanzügen und weinte all meinen Kummer in sie hinein.

Der Kinderwagen, den wir während der Schwangerschaft bestellt hatten, war inzwischen auch wieder abbestellt worden. Es war sehr hart für uns, im Geschäft anzurufen und darum zu bitten, ob er nicht an jemand anderen verkauft werden könnte. Wir wüßten leider nicht, ob wir ihn jemals benutzen könnten.

Timos Gesundheitszustand war extremen Schwankungen ausgesetzt. An manchen Tagen hatte es den Anschein, daß seine Krankenhauszeit bald ein Ende finden würde, und wir waren so voller Hoffnung, daß es mit ihm nur noch bergauf gehen würde.

Diese Hoffnung schlug dann leider sehr schnell ins Gegenteil um. Die anfängliche Besserung bei Timos Gesundheitszustand hielt nicht lange an. Er bekam eine Lungenentzündung nach der anderen. Bewußtlosigkeit und Sauerstoffbeatmung gehörten für uns zum Alltag. Manchmal waren die Blutgasanalysen derart schlecht, daß fast kein Sauerstoffgehalt mehr durch die Haut zu messen war.

Stundenlang saßen Laurenz und ich am Bett unseres Kindes, dem die Ärzte kaum noch Überlebenschancen einräumten. Wir hielten Timos Hand und streichelten ihn; es gab ja sonst nichts, was wir für ihn tun konnten.

Mittlerweile nach fast zehn Jahren weiß ich, daß gerade unsere intensiven und kraftspendenden Gedanken sehr viel für Timo taten.

Oft sagte ich in Gedanken zu ihm: „Ich schicke dir all meine Kraft, die ich jetzt in mir habe. Bitte, Timo, kämpfe weiter, du kannst es schaffen! Bitte, bleib bei uns! Wir brauchen dich doch."

Ich weiß, daß es Laurenz ähnlich wie mir erging und daß auch seine Gedanken ständig bei seinem Sohn waren.

Das Sprichwort „Die Gedanken sind frei" beinhaltet für mich eine tiefgründige Wahrheit. Für unsere Gedanken gibt es keine Grenzen. Sie sind Energie, die sich ihren Weg sucht. Durch Gedankenkraft ist jeder Mensch, mag er auch noch so krank sein, erreichbar.

Ich bin der festen Überzeugung, daß es bei Timo auch so war und er viel Kraft aus den Gedanken der Menschen, die voller Liebe an ihn dachten, bekam. Manchmal bedaure ich, daß ich mein Wissen über die Kraft der Gedanken erst so viele Jahre später erworben habe. Ich hätte in Timos schweren Zeiten viel gezielter etwas für ihn tun können, gerade weil Eltern und Kinder ganz eng in geistiger Verbindung stehen. Die Erkenntnisse, die ich durch Timos Leben gemacht habe, waren schon die ersten Schritte auf meinem spirituellen Lebensweg.

Heute unterhalte ich mich oft ausgiebig in Gedanken

mit ihm. Meistens sitzt er dabei ganz entspannt auf meinem Schoß und schaut mich aufmerksam an. Wenn dann alles ruhig ist in unserer Umgebung, lasse ich meinen Gedanken freien Lauf. Ich erzähle ihm alles, meine Wünsche und Träume. Manchmal fordere ich ihn auch gezielt auf, etwas zu tun – wie zum Beispiel: „Timo, versuche jetzt, die Spastik in deinen Hüften etwas zu lockern." Oder: „Du mußt den Schleim kräftiger abhusten!"

Läßt er sich auch sonst leicht durch Geräusche ablenken, so ist er bei unseren „stillen Gesprächen" sehr aufmerksam und konzentriert. Wie stark Timo auf meine Gedanken reagiert, ist sogar sichtbar für mich, denn unter seinem rechtem Auge befindet sich ein Äderchen, das anfängt zu pochen, wenn er ganz aufgeregt ist. Es ist erstaunlich: Bei meinen gezielten Gedanken pocht es schon nach kurzer Zeit.

Einmal kam mir Timos Hüfte morgens viel verspannter vor als sonst, und ich bat ihn in Gedanken, die enorme Spannung abzugeben.

Mittags ließ mir Eva, die Timo in der Schule betreut und ihn auch auf seinen Schulfahrten begleitet, von unserer Krankengymnastin ausrichten, daß Timos Hüften an dem Tag ganz besonders locker waren.

Solche Erfahrungen zeigen mir immer wieder, daß jeder Mensch, mag er auch noch so stark behindert oder krank sein, in seinen Gedanken völlig frei und jederzeit erreichbar ist.

Ich habe erkannt, daß Timo kein Mitleid oder Bedauern braucht. Gerade die Erfahrungen, die ihn durch sein jetziges Leben führen, sind für ihn und seine persönliche Entwicklung sehr wichtig, denn er allein hat sich dafür entschieden, sein Leben so und nicht anders zu leben. Für diese Erkenntnis habe ich viele Jahre gebraucht.

Ende Oktober 1984 hatte ich Geburtstag. Ich wurde 23 Jahre alt, und wie jeden Tag fuhr ich zu Timo in die Klinik. Als Geburtstagsüberraschung für mich hatten die Krankenschwestern Timo einen winzigen Zweig Feuerdorn in die Hand gelegt.

Als ich ins Zimmer kam und an sein Bett trat, sah es aus, als wolle Timo mir die Blume entgegenstrecken. Ich war gerührt und glücklich zugleich. Dieser kleine Zweig war mein schönstes Geburtstagsgeschenk, und von diesem Tag an hatte Feuerdorn eine ganz besondere Bedeutung für mich. Noch heute bin ich den Schwestern für die liebe Geste dankbar. Den ganzen Tag in einem Krankenzimmer zu verbringen, ist sehr anstrengend und auslaugend, aber die Schwestern der Station haben mir oft Mut gemacht durchzuhalten. Sie haben mir auch des öfteren gesagt, wie ausgeglichen ich auf sie wirkte, obwohl ich mich in Wirklichkeit oft innerlich aufgewühlt und traurig fühlte.

Eines Tages war es dann soweit. Timo mußte nicht mehr maschinell beatmet werden. Er hatte die Kraft, allein zu atmen. Es wurde zwar noch zusätzlich Sauerstoff durch einen Trichter zu ihm ins Bett geleitet, aber das nahmen Laurenz und ich gern in Kauf. Wir hatten mittlerweile gelernt, in ganz kleinen Schritten zu denken und jeden noch so winzigen Fortschritt anzunehmen.

Als Timo dann mit dem normalen Sauerstoffgehalt der Luft auskommen konnte, sollte er wieder lernen, aus der Flasche zu trinken. Aber das erwies sich als außerordentlich schwierig für ihn, denn sein Saugreflex war nicht sonderlich entwickelt.

Oft drückten wir die Milch aus dem Sauger in seinen Mund, so daß er nur noch schlucken mußte. Das Schlucken wurde aber nun zu einem ganz großen Problem für Timo.

Das Zusammenspiel, Nahrung zu schlucken und gleichzeitig durch die Kanüle zu atmen brachte ihn völlig durcheinander. Die Flaschennahrung lief in die Luftröhre und mußte dann schnellstens von den Schwestern abgesaugt werden, sonst wäre wieder alles über die Bronchien in die Lunge gelangt. Inzwischen hatte ich vor jeder Mahlzeit Angst.

Den Schwestern kam der Gedanke, daß Timo mit etwas festerer Nahrung vielleicht besser zurecht käme. So versuchten wir, Timo Brei und püriertes Gemüse mit dem Löffel zu geben, doch das Problem des Verschluckens blieb. Mal ging es besser, und alle hatten wieder Hoffnung, mal konnte es sein, daß wieder die ganze Nahrung aus der Kanüle abgesaugt werden mußte. Die nächste Lungenentzündung war durch das ewige Verschlucken schon vorprogrammiert und ließ auch nicht lange auf sich warten. Alles fing wieder von vorne an: zusätzlicher Sauerstoff – dann, als der nicht mehr ausreichte, künstliche Beatmung, eine Magensonde und viele Medikamente.

Wieder kamen tiefe Betroffenheit und große Angst bei Laurenz und mir hoch. Alle unsere Hoffnungen, daß es mit Timo besser werden könnte, waren mit einem Schlag dahin. Was blieb, waren Angst, Verzweiflung und oft auch Hoffnungslosigkeit.

Jetzt drängte sich bei uns des öfteren die Frage nach dem Sinn von Timos Leidensweg auf. Warum gerade unser Kind? Es hatte doch niemandem etwas getan. Warum also mußte es so leiden?

Wir konnten zu dem damaligen Zeitpunkt keine Antwort auf all diese Fragen finden. Gerade die Fragen nach dem Sinn des Leidens oder der Behinderung eines Kindes macht vielen Eltern zu schaffen. Ich kenne kaum Eltern, deren Kinder krank oder behindert sind, die sich diese

Fragen nicht schon gestellt haben. Es ist gut, wenn man versucht, einen Sinn in der Krankheit der Kinder zu finden. Damit beginnt oft eine Verarbeitung der derzeitigen Lebenssituation.

Manche Eltern kommen jedoch über diesen Punkt nicht hinweg und hadern mit dem Schicksal. Wenn man ständig fragt: „Was haben wir nur getan, daß wir ein solches Kind bekommen haben?" nimmt man die Chance nicht wahr, sich durch Annehmen des Schicksals weiterzuentwickeln, um andere Lebensdimensionen zu erleben.

Gerade Menschen, die wir als behindert bezeichnen, sind in meinen Augen ganz „besondere" Menschen, mit denen wir leben dürfen. Viele von ihnen haben eine Ausstrahlung, der man sich kaum entziehen kann. Ich habe noch nie jemanden, der mit Behinderten arbeitet, sei es in der Frühförderung, im Kindergarten, in der Schule oder in Werkstätten erlebt, der das nicht gerne tut. Oft werden diese Menschen gefragt: „Wie schafft man das? Den ganzen Tag über nur Behinderte um sich zu haben, muß doch schwer sein?"

Aber es ist ja nicht so, als würden sämtliche Sozialarbeiter, Heilpädagogen, Sonderschullehrer nur geben – nein, man kann auch jeder für sich seinen Teil der Ausstrahlung, der Intensität, mit der diese Menschen oft leben, in seine eigene Lebenssituation übernehmen.

Einerseits waren wir zwar Eltern eines behinderten Kindes, dessen Pflege uns große seelische und körperliche Belastungen auferlegte, andererseits aber auch ein junges Paar mit allen Hoffnungen der Welt und empfanden sehr viel Liebe füreinander. Obwohl wir bisher eigentlich kaum Zeit gefunden hatten, darüber nachzudenken, kam doch in stillen Stunden bei mir hin und wieder die Frage auf: Würden unsere Gefühle füreinander unter den Ansprüchen, die durch Timos Behinderung an uns gestellt wurden, leiden oder gar daran zerbrechen?

Viele Menschen haben mich schon auf unsere Ehe angesprochen und gefragt, wie eine so junge Lebensgemeinschaft derartige Belastungen aushielte. Diese Frage gibt mir die Möglichkeit, etwas mehr über unsere Beziehung zu schreiben.

Das erste Mal habe ich Laurenz auf einer Geburtstagsfeier einer früheren Arbeitskollegin gesehen. Er fiel mir zwar auf, dieser blonde Hüne von fast zwei Metern Länge mit den fröhlichen blauen Augen und dem jungenhaften Grinsen, doch fanden wir uns, wie wir uns später eingestanden, an dem Abend gegenseitig nicht besonders sympathisch und sprachen kein Wort miteinander. Es war bei uns keine Liebe auf den ersten Blick, noch nicht mal auf den zweiten. Ein paar Mal sahen wir uns noch, wenn wir gemeinsam mit Bekannten feierten. Aber Laurenz war stets in Begleitung seiner Freundin Elisabeth.

Im Oktober 1980 wollte ich gemeinsam mit mehreren jungen Leuten fünf Tage nach Taizé in Südfrankreich fahren. Darunter waren auch Laurenz und Konny, ein sehr engagierter junger Kaplan. Einen Monat, bevor unsere Fahrt starten sollte, hatte ich mich gerade mit einer unglücklichen Beziehung auseinandergesetzt und einen endgültigen Schlußstrich darunter gezogen.

An einem Samstag machte ich einen langen ausgiebigen Waldspaziergang. Ich liebe die Natur und fühle mich im Wald besonders wohl. Bäume sind meine Freunde, und ich habe schon als Kind darunter gelitten, wenn irgendwo einer gefällt wurde. Ich erinnere mich noch gut daran, daß ich in meiner Jugend oft in den Wald ging, um einen klaren Kopf zu bekommen. Er stellte eine Oase der Ruhe und des Friedens für mich dar.

So ging es mir auch an jenem Samstag. Als ich nach meinem Waldspaziergang meinen inneren Frieden wiedergefunden hatte, schrieb ich in mein Tagebuch:

Es war wundervoll, so in der Natur zu laufen. Ich habe mich wieder etwas gefunden und fühle, daß mein Herz für eine neue große Liebe bereit ist. Ich spüre etwas Großes in meinem Herzen. Vielleicht kommt etwas, was bald all mein Fühlen und Denken in Anspruch nimmt.

Einige Wochen später fuhr ich nach Taizé.

Taizé ist ein Ort mit ganz besonderer Geschichte. 1940 kam Frère Roger im Alter von 25 Jahren hierher, um eine Bruderschaft zu gründen, die ein Gleichnis der Gemeinschaft verwirklicht. Zwei Jahre später schlossen sich ihm die ersten Brüder an. Heute gehören etwa neunzig katholische und evangelische Brüder aus über zwanzig Ländern der Welt zur Communité de Taizé. Von Anfang an versuchten die Mönche, ihre Leidenschaft zur Versöhnung aller Menschen mit anderen zu teilen, über Länder- und Konfessionsgrenzen hinaus.

Ein Teil der Brüder lebt in kleinen Gemeinschaften unter den Ärmsten in Asien, Afrika, Latein- und Nordamerika. Seit Ende der 50er Jahre kommen Zehntausende – Jugendliche und auch Erwachsene – aus allen Kontinenten nach Taizé, um Christus in Gemeinschaft zu leben und diese Erfahrungen zu Hause mit anderen zu teilen. Stationen auf diesem „Pilgerweg des Vertrauens auf der Erde“ sind europäische und interkontinentale Treffen in vielen Ländern der Welt.

Die Kirche in Taizé ist eine Stätte der Ruhe und des

Friedens. Als ich sie das erste Mal betrat, traten mir Tränen in die Augen, so sehr bewegte mich dieser Augenblick. Ich fühlte mich von allen Sorgen befreit.

Vor der Kirche zieht man seine Schuhe aus, denn es ist alles mit Teppichboden ausgelegt. Es gibt keine Sitzgelegenheit dort – man setzt sich auf den Boden. Kerzenlicht ist die einzige Beleuchtung. Oft singen oder summen diejenigen, die sich gerade in der Kirche befinden, ihre eigenen Lieder.

Die Atmosphäre unter den jungen Leuten ist locker und freundschaftlich. Man schläft in Schlafsäcken in Etagenbetten, die in kleinen Baracken nahe der Kirche stehen, gegessen wird aus Plastikschälchen unter freiem Himmel.

Laurenz, seine Freundin Elisabeth und ich teilten uns zusammen mit drei anderen ein Zimmer. Das Leben in Taizé war einfach – allen genügte es, keiner stellte große Ansprüche.

Einen Tag, bevor die Beziehung zu Laurenz begann, saß ich in der Kirche und schrieb folgende Zeilen in mein Tagebuch:

Diese Kirche vermittelt mir so viel Frieden,
daß ich einfach ruhig werde.
Ich fühle mich befreit,
und mein Herz ist offen und weit,
wie schon lange nicht mehr.

Obwohl ich niemanden hinter mir vermutete, spürte ich plötzlich Blicke in meinem Rücken. In dem Moment, als ich mich umdrehte, sah ich Laurenz, tief in Gedanken versunken, hinter mir auf dem Boden liegen. Jetzt trafen sich unsere Blicke. Noch heute habe ich das Gefühl, daß in diesem Moment etwas ganz Besonderes zwischen uns geschah: ein erstauntes gegenseitiges Erkennen. Laurenz Nähe verwirrte mich, aber ich muß gestehen, das war mir keineswegs unangenehm, denn schon durch einige Gespräche waren wir uns hier in Taizé näher gekommen.

Der nächste Tag brachte dann die Wende in unserem Leben. Laurenz und ich waren allein in unserer Baracke. An diesem Morgen war alles irgendwie anders. Eine knisternde Spannung hatte sich zwischen uns aufgebaut. Durch Herumalbern und Lachen versuchten wir, sie zu überdecken, doch dadurch bewirkten wir genau das Gegenteil. Plötzlich wurden wir ernst und schauten uns lange schweigend an. Unsere Hände berührten sich – und die Welt drehte sich plötzlich andersherum.

Wir waren beide völlig verwirrt, bis Laurenz leise sagte: „Obwohl wir uns bereits seit längerem kennen, habe ich dich nie so richtig wahrgenommen. Erst hier erlebe ich dich hautnah, wie du bist. Ich finde es wunderbar, wie offen ich mit dir reden kann – dann deine Spontaneität und deine Aufgeschlossenheit! Ich mag dich – sehr sogar."

„Und Elisabeth?" fragte ich mit einem dicken Kloß im Hals.

Sein Gesicht wurde ernst, als er antwortete: „Ich habe mich innerlich schon länger von Elisabeth entfernt und werde das klären."

Dann nahm Laurenz mich in seine Arme und fragte liebevoll: „Gabi, kannst du dir vorstellen, daß wir beide in Zukunft mehr Zeit miteinander verbringen?"

Völlig überwältigt von meinen Gefühlen für ihn, nickte ich, während ich seine Nähe genoß. Dann aber fragte ich besorgt: „Aber was ist mit Elisabeth? Ich möchte nicht einfach in eure Beziehung einbrechen und sie zerstören."

„Mach dir keine Sorgen, die Trennung von ihr hat

nichts mit uns zu tun. Ich werde noch heute mit ihr reden“, erklärte Laurenz fest.

Aufgewühlt sah ich ihn an. Was war nur auf einmal mit uns geschehen? Hatte uns die Atmosphäre dieses besonderen Ortes oder die Stimmung, die über allem lag, so sehr verändert, daß wir einander plötzlich in einem anderen Licht sahen? Hier in Taizé erlebte ich Laurenz völlig anders als bei unseren gemeinsamen Feiern. Ich entdeckte plötzlich, daß dieser junge Mann, der nun vor mir stand, äußerst sensibel und sehr tiefgründig war. Hier erst war mir seine ruhige und ausgeglichene Art im Umgang zu seinen Mitmenschen aufgefallen.

Der Anfang unserer Liebe stürzte mich in ein Chaos von Gefühlen, obwohl Laurenz noch am gleichen Tag mit Elisabeth sprach. Ich fand seine Ehrlichkeit und Klarheit schlichtweg beeindruckend.

Elisabeths Reaktion war mehr als verständlich. Sie weinte nach dem Gespräch mit Laurenz und machte mir heftige Vorwürfe. Nie hätte sie von mir gedacht, brachte sie unter Tränen hervor, daß ich mich an ihren Freund heranmachte.

Ich litt mit ihr – vor allem in den nächsten Tagen bis zur Rückreise, an denen ich ihre stille Traurigkeit und ihr leises Weinen fast nicht mehr ertragen konnte. Wäre sie wenigstens zornig geworden oder hätte mich angeschrien! So plagte ich mich lange Zeit mit Schuldgefühlen herum. Wegen meines schlechten Gewissens wehrte ich mich anfangs gegen die Beziehung zu Laurenz. Immer wieder stellte ich mir die Frage: Hatte ich wirklich eine andere Liebe zerstört?

Laurenz war es, der mich beruhigte. Er machte mir klar, daß wir uns wegen unseres Gewissens nicht gegen eine Beziehung mit so tiefen Gefühlen füreinander stellen konnten. Erst da war ich bereit, mich Laurenz gegenüber zu öffnen und unsere Verbindung zuzulassen.

Beide merkten wir innerhalb kurzer Zeit, daß wir auf wunderbare Art unsere ideale Ergänzung darstellten. Ständig entdeckten wir neue Gemeinsamkeiten. Von Anfang an konnten wir über alles reden.

Nach verhältnismäßig kurzer Zeit war uns klar, daß wir unser Leben gemeinsam leben wollten. Um unsere Eltern nicht zu sehr zu schockieren, warteten wir noch etwas, ehe wir öffentlich von Heirat sprachen.

Im September 1981 heirateten wir standesamtlich und ein Jahr später kirchlich. Wir waren noch sehr jung bei unserer Hochzeit, Laurenz gerade 21 und ich 20 Jahre alt. Viele dieser jungen Ehen scheitern später am Gefühl der Partner, in der Jugend etwas verpaßt zu haben. Ich glaube, ich kann auch für Laurenz sprechen, wenn ich hier schreibe, daß wir dieses Gefühl beide nicht haben und uns auch heute noch genauso entscheiden würden, wie vor zwölf Jahren. Unsere Empfindungen füreinander wurden durch unsere gemeinsamen Schicksalsschläge eher stärker, als daß sie belastet wurden. Wenn einer Trost oder Hilfe brauchte, so war der andere da.

Offenheit ist immens wichtig; ich bin kein Mensch, der Halbwahrheiten ertragen kann. Wieviele Menschen leben nebeneinander her und wissen im Grunde kaum etwas von den echten Bedürfnissen ihrer Lebenspartner? Die Routine ist der Feind jeder Ehe, sagt man. Bis jetzt ist es uns gelungen, trotz unserer Aufgabe Timo gegenüber, Phantasie und Begeisterungsfähigkeit in unserer Lebensgemeinschaft zu erhalten. Dafür sind wir von Herzen dankbar und hoffen, daß dieses so bleiben möge.

Kapitel 4

Liebe geht viel tiefer
als das Teilen von Reichtum
und Wohlstand.
In der Wirtschaft der Liebe
muß man mehr geben,
als man besitzt
Man muß sich selbst geben.
Phil Bosmans

Manchmal ertappten Laurenz und ich uns in jener Zeit dabei, daß wir ungeduldig wurden und das Gefühl hatten, wir träten auf der Stelle. Unser Kind war nun schon fast ein halbes Jahr alt, und unser Leben spielte sich immer noch im Krankenhaus ab.

Des öfteren fragte ich die Ärzte voller Verzweiflung: „Gibt es nicht noch etwas, was Sie für Timo tun könnten, irgendein Medikament, was Timo helfen würde, Kraft zu schöpfen und sich zu erholen?“ Aber schon während ich diese Frage stellte, wußte ich, daß seitens der Ärzte alles Menschenmögliche getan wurde.

Das Weihnachtsfest 1984 habe ich in sehr trauriger Erinnerung. Timos Zustand war nicht besonders stabil. Er wurde zwar nicht mehr künstlich beatmet, aber ohne zusätzlichen Sauerstoff konnte er nicht leben. Erst dann, wenn er mit dem normalen Sauerstoffgehalt der Luft zurechtkäme, durften wir ihn mit nach Hause nehmen.

Wollten wir Timo aus seinem Bettchen heben, um ihn auf den Arm zu nehmen, mußten wir ihm den Sauerstofftrichter vor den Mund halten. So oft es Timos Zustand erlaubte, nahmen Laurenz und ich ihn in unsere Arme. Er sollte unseren Herzschlag hören und Nähe und Geborgenheit erfahren.

Unsere Zweisamkeit wurde jedoch oft jäh durch die Reaktion der Ärzte unterbrochen. „Oh, Timo ist so schön ruhig und zufrieden! Da könnten wir ihm doch gerade mal Blut abnehmen.“

Ich habe stets versucht, meinen Ärger darüber zu unterdrücken, denn ihre Reaktion war irgendwie verständlich. Timos Venen waren sehr schwer zu treffen, er hatte schon so oft Blut abgeben müssen. Viele Stellen seines Körpers wiesen Einstichstellen auf, waren schon verhärtet und somit für die Ärzte zur Blutabnahme nicht mehr zu gebrauchen. Erschwerend für die Ärzte kam hinzu, daß er mittlerweile bei jedem Handgriff fast ausrastete und sich wie wild gebärdete.

In den Monaten zuvor war Timo mehrmals täglich Blut aus dem Finger abgenommen worden. Es war sicherlich richtig, daß alle Blutwerte ständig kontrolliert werden mußten, nur er kam dabei überhaupt nicht zur Ruhe. Wie sollte er jemals Vertrauen zu seinen Eltern finden, wenn die Nähe zu ihnen nicht Frieden und Kraft, sondern Schmerzen brachte?

Wie gern hätte ich meine Finger und Venen für Timo zur Verfügung gestellt. Selbst heute noch – nach fast zehn Jahren – erinnern viele Narben an Timos Leidensweg.

Mittlerweile hatte das Jahr 1985 begonnen. Wir drängten die Ärzte jetzt vermehrt, uns die Pflege von Timo anzuvertrauen, und hofften, daß er bald ohne zusätzlichen Sauerstoff auskommen möge.

Obwohl sich die Ärzte und Schwestern unserer Bitte

gegenüber äußerst skeptisch verhielten, waren wir sicher, daß wir es schaffen konnten, mit Timo zu Hause zu leben und ihn allein zu versorgen.

Laurenz sprach mit einem Berater unserer Krankenkasse. Es mußten nicht nur viele Geräte angeschafft, sondern auch Erkundigungen bei verschiedenen Firmen eingeholt werden, welche Geräte für Timo in Frage kamen. Ein Absauggerät, ein Inhaliergerät, ein Überwachungsgerät und eine Tasche mit zwei Sauerstoffbomben wurden bestellt. Dazu kamen Absaugkatheter, sterile Handschuhe, Magensonden, verschieden Spritzen, Pflaster jeglicher Art usw.

Als erstes mußte ich das Absaugen lernen. Beim ersten Mal hatte ich vor Aufregung feuchte Hände und konnte die sterilen Handschuhe kaum überziehen. Dann mußte ich den Absaugkatheter in Timos Kanüle schieben. Ich traute mich nur, ihn ein paar Millimeter tief zu schieben, dann wurde ich nervös und zog ich ihn schnell wieder heraus. Bei den Ärzten und Schwestern hatte alles viel einfacher ausgesehen, als es in Wirklichkeit war. Aber alle machten mir Mut, und mit jedem Mal klappte es besser.

Als Laurenz an diesem Nachmittag nach der Arbeit ins Krankenhaus kam, konnte ich es kaum abwarten, ihm zu sagen: „Stell dir vor, ich habe heute Timo das erste Mal allein abgesaugt!“

Laurenz umarmte mich und meinte glücklich: „Ach, Gabi, wie schön! Jetzt lernen wir endlich, Timo allein zu versorgen. Ich bin sicher – wir schaffen es!“

Noch heute lächeln wir über die Euphorie des ersten gelungenen Absaugens, da es mittlerweile zu unserem Leben und zu unserer Alltagsroutine gehört.

Bald danach gelang es auch Laurenz, Timo abzusaugen. Als nächstes kam das Schieben der Magensonde an die Reihe, was nun schon etwas schwerer war, zumal Timo sich dabei mit Händen und Füßen wehrte. Seine Nasenwände waren durch das ständige Sondieren schon ziemlich angegriffen. Es wollte einfach nicht klappen. Mal kam die Sonde wieder aus dem Mund heraus oder aus dem anderen Nasenloch, ein anderes Mal dann wieder aus der Kanüle.

Immer und immer wieder habe ich unter Anleitung der Schwestern geübt. Mein armes Kind, dachte ich oft verzweifelt, jetzt mußt du auch noch unter der Ungeschicklichkeit deiner Mutter leiden. Dann aber hatte ich es gelernt. Es gab sogar Tage, an denen es bei mir besser klappte, als bei den Schwestern.

Natürlich war ich übervorsichtig und ängstlich dabei. Meine größte Sorge bestand darin, daß die Sonde auch wirklich richtig im Magen lag. Ich lernte, ihre Lage zu testen. Konnte ich mit einer Spritze Flüssigkeit aus dem Magen hochziehen, war alles in Ordnung, beschlug die Sonde von innen, hatte ich die Luftröhre erwischt.

Auch zu Hause habe ich immer erst den Test vorgenommen, bevor ich Timo Nahrung durch die Sonde gespritzt habe. Nicht auszudenken, was alles hätte passieren können, wäre die Nahrung durch die Luftröhre gespritzt worden.

Nachdem ich Timo nun schon sondieren konnte, traute ich mich auch an die Kanüle heran, denn auch die mußte gewechselt werden. Das war selbst für die Ärzte nicht einfach, da Timo sich furchtbar aufregte, in Panik geriet und blau anlief.

Wenn dann die Kanüle nicht schnell genug gewechselt wurde, konnte es ein Fiasko geben. Mindestens zwei Schwestern mußten Timo an Kopf und Körper festhalten, bevor der Arzt mit seinem Werk beginnen konnte.

Unter Aufsicht des Arztes habe ich es dann ebenfalls versucht. Es klappte auf Anhieb. Zu Hause haben wir

Timo nie festgehalten, wenn wir die Kanüle austauschten. Sehr bald stellten wir fest, daß er nur in Panik gerät, wenn man seinen Kopf festhält.

Wir hatten nun gelernt, Timo selbst zu versorgen. Nach einigen Wochen wurden die neuen Geräte geliefert, und trotzdem konnte er nicht zu uns nach Hause, weil seine eigene Atmung noch nicht ausreichte.

Endlich war das Glück auf unserer Seite. Es kam der Tag, an dem er ohne zusätzlichen Sauerstoff leben konnte.

Für uns war klar, daß seine Entlassung nun unmittelbar bevorstand. Aber die Ärzte waren da anderer Meinung und versuchten, uns mit Nachdruck klarzumachen, was im Fall der Pflege unseres Kindes alles auf uns zu kommen würde, und sahen kaum eine Chance für uns, mit Timo zu leben.

Laurenz und ich waren nicht davon abzubringen, Timo, der ängstlich und apathisch geworden war, nach Hause zu holen. Wir waren überzeugt, daß es schlimmer für Timo nicht werden konnte. Er brauchte unbedingt eine ruhige Umgebung, und irgendwann würde er auch unsere Liebe ganz klar spüren und daß wir es gut mit ihm meinten, trotz aller körperlicher Strapazen, denen er auch bei uns ausgesetzt wäre.

Am 4. Februar 1985 wollte ich wie jeden Morgen ganz früh mit dem Zug nach Osnabrück zur Klinik fahren. Bis zum Bahnhof lagen noch einige Kilometer Fußweg vor mir. Da klingelte das Telefon. Es war Gabi, unsere Nachbarin, die ihr erstes Kind erwartete. Aufgeregt bat sie mich: „Kannst du mal kommen? Ich glaube, ich habe Wehen!“

„Ja, ich komme sofort!“ rief ich und ließ alles stehen und liegen.

Die Wehen kamen schon recht stark.

„Was soll ich jetzt machen?“ fragte sie mich mit einem etwas hilflosen Gesichtsausdruck.

„Ruf im Krankenhaus an und sprich mit der Hebamme“, riet ich ihr. Dort sagte man, sie solle sofort kommen.

Weil es schnell gehen mußte, entschied ich mich, Gabi in ihrem Auto zur Klinik zu bringen. Ich war aufgeregt, denn ich hatte ihr Auto noch nie gefahren, und wann hat man schon mal eine Frau mit Wehen im Auto sitzen?

Ohne Schwierigkeiten erreichten wir das Mettinger Krankenhaus. Gabi wurde sofort in den Kreißsaal gebracht, während ich in meinem erwachten Aktionsdrang losfuhr, um den werdenden Vater zu holen.

Gabis Mann Ernst arbeitet als Schlosser unter Tage, und keiner wußte, wo er steckte. Die Arbeitskollegen versprachen mir aber, sie würden alles tun, um ihn ausfindig zu machen und ihn sofort zur Klinik zu bringen.

Ich fuhr zurück zu Gabi, bei der mittlerweile die Wehen im vollem Gange waren.

„Bleib bitte bei mir“, bat sie mich mit schwacher Stimme.

„Na klar“, versprach ich, als ich ihre Hand hielt, „ich lasse dich jetzt nicht allein.“

So konnte ich das große Wunder einer Geburt einmal hautnah aus einer anderen Perspektive miterleben. Gabi lag in meinem Arm, als die kleine Helen geboren wurde. Gerade als sie ihren ersten Schrei von sich gab, betrat Ernst den Kreißsaal.

„Wie ich höre, komme ich wohl zu spät“, meinte er vielsagend und hatte die Lacher auf seiner Seite.

Es war eine wunderbare Stunde im Kreißsaal mit den glücklichen Eltern und ihrem neugeborenen Baby. Ich wollte sie allein lassen, aber davon wollte niemand etwas wissen.

Anschließend fuhr Ernst mich zur Klinik nach Osnabrück. Während der ganzen Autofahrt waren wir in ausgelassener Stimmung.

„Das werde ich gleich auf der Station erzählen", sagte ich lachend zu Ernst, als ich mich von ihm verabschiedete.

Leider kam dann alles anders. Nachdem ich mich umgezogen, gewaschen und sterilisiert hatte, ging ich auf die Station. Auf dem Flur kam mir eine Schwester mit sehr ernstem Gesicht entgegen. Mein Gott – Timo! dachte ich voller Angst und rief: „Was ist passiert?"

„Timo hatte gestern abend, als Sie und ihr Mann nach Hause gefahren sind, einen Herzstillstand. Er ist zwar wieder bei Bewußtsein, muß aber noch künstlich beatmet werden. Er benötigt auch wieder zusätzlich Sauerstoff", erklärte sie mir vorsichtig.

Meine wunderbare Hochstimmung, in der ich mich den ganzen Morgen über befunden hatte, verflog im Nu. Nur noch Angst war da – große Angst, die alles in mir abschnürte.

Ich lief zu Timos Bett und erkannte auf den ersten Blick, wie schlecht es um ihn stand. Er war wieder an sämtliche Geräte angeschlossen und sah furchtbar aus.

Tränen liefen mir übers Gesicht, als ich ihn anschaute. Aus großen traurigen Augen blickte er mich an.

„Warst du so traurig, als wir dich gestern abend wieder allein lassen mußten?" fragte ich mit tränenerstickter Stimme.

Und dann – an diesem ereignisreichen Februartag – versprach ich ihm aus tiefstem Herzen: „Timo, sobald du selbst atmen kannst, hole ich dich aus der Klinik, und wenn hundert Ärzte dagegen sind. Das schwöre ich dir!"

Und so geschah es auch. Timo hatte mich offenbar verstanden. Einige Tage später konnte die künstliche Beatmung abgestellt werden. Diesmal brauchte er erstaunlicherweise nicht lange, um sich daran zu gewöhnen, ohne zusätzlichen Sauerstoff auszukommen.

Überglücklich kauften wir einen Kinderwagen und machten unsere ersten Spaziergänge rund ums Kinderhospital.

Timo war natürlich sehr aufgeregt und hatte anfangs große Angst. Alle neuen Geräusche, wie die eines vorbeifahrenden Autos, versetzten ihn in Panik.

Auch ich konnte meine Angst nicht verbergen, denn schließlich war ich das erste Mal mit Timo allein und mußte handeln, wenn es ihm nicht gut ging. Zuerst machte ich kleine Runden ums Krankenhaus, später – und auch wenn Laurenz dabei war – wurden unsere Spaziergänge länger. Die Sauerstoffbombe unter dem Kinderwagen gab mir ein Gefühl der Sicherheit.

Selbst in dieser Situation versuchten die Ärzte noch, uns mit Nachdruck einzureden, daß wir es kaum schaffen könnten, Timo allein zu versorgen.

„Sie sollten vernünftig sein und nichts überstürzen! Sehen Sie, wir sind Tag und Nacht bei Timo im Einsatz und haben alle Hände voll zu tun", argumentierte der Stationsarzt eindringlich, „wie wollen Sie denn seine Versorgung rund um die Uhr bewältigen? Unsere Schwestern haben nach acht Stunden Dienst Feierabend und können abschalten. Sie werden diese Ruhephasen nie erleben."

Aber dieses Mal entschied ich ganz klar: „Wir schaffen es bestimmt!"

Laurenz meinte einlenkend: „So, wie die Situation im

Moment für Timo aussieht, hält er nicht mehr lange durch. Er braucht einfach eine andere Umgebung, um zur Ruhe zu kommen."

„Wenn Sie ihn unbedingt mit nach Hause nehmen wollen, müssen Sie zuerst ein paar Tage bei uns auf der Station wohnen, um ihn Tag und Nacht allein zu versorgen. Erst wenn das klappt, können Sie ihn mitnehmen", war die Antwort des Arztes.

Erst später, als Timo schon einige Monate bei uns zu Hause war, vertraute uns dieser Arzt an, niemand auf der Station habe geglaubt, daß wir es schaffen würden, ihn über einen längeren Zeitraum allein zu versorgen. Es wurden sogar Wetten darauf abgeschlossen: Die Wette mit der längsten Zeit lag bei drei Wochen.

Jetzt zog ich provisorisch auf der Station ein. Mein Bett wurde neben Timos gestellt. Tagsüber war mir alles vertraut, aber nachts hatte ich große Probleme zu schlafen. Alles war hell erleuchtet. Die Geräusche waren mir so fremd in der Nacht.

Erschwerend für mich kam hinzu, daß Timo und ich aus Platzgründen kein Zimmer für uns allein haben konnten. Ein türkischer Junge, der im Koma lag, befand sich noch mit im Raum. Jeden Abend kamen seine Eltern und andere Verwandte, um an seinem Bett zu beten und zu singen. Für mich hörten sich diese Gesänge fremdartig und schauerlich an. Einerseits hätte ich mir am liebsten die Ohren zugehalten, um sie nicht zu hören, andererseits wußte ich aber, daß diese Rituale wichtig für die Eltern und Verwandten waren. Wie gut konnte ich ihren Schmerz und ihre Tränen verstehen! Zuviel davon hatte ich in den letzten acht Monaten selbst erlebt.

Manche Kinder lernte ich kennen, und als ich anderntags nach ihnen fragte, waren sie nicht mehr da. Sie waren gestorben.

Wir knüpften Kontakte zu anderen Eltern, deren Kinder auch auf der Station lagen. Es tat so gut, mit jemanden zu reden und mittags zusammen in der Kantine zu essen. Einige dieser Eltern sind uns sogar echte Freunde geworden.

Da gibt es zum Beispiel Hanna, die auch behindert ist. Laurenz erste Begegnung mit ihr bei einem späteren Frühstückstreff mit Eltern und deren behinderten Kindern war Liebe auf den ersten Biß.

Während des Frühstücks bat Hannas Mutter Laurenz, ob er Hanna mal kurz halten könne. Sie müsse mal eben Tee aus der Tasche holen.

Laurenz, der Hanna sehr gern mochte, nahm sie auf seinen Schoß und spielte eine Weile mit ihr. Plötzlich gellte sein Schmerzensschrei durch den Raum. Hanna hatte sich in seinem Oberarm festgebissen und dachte nicht daran, wieder loszulassen.

Erst mit tatkräftiger Unterstützung ihrer Mutter ließ sie sich nach einer Weile dazu bewegen, von ihrem schreienden Opfer abzulassen. Binnen weniger Minuten schwoll Laurenz Arm dick und blau an, und wir konnten jeden einzelnen Zahnabdruck erkennen.

Damit war die bißfeste Freundschaft zwischen Hanna und Laurenz bis auf den heutigen Tag besiegelt. Nur wenn Hanna seinem Oberarm wieder etwas zu nahe kommt, nimmt Laurenz ihn respektvoll zur Seite.

Die Tage auf der Intensivstation verliefen ohne Komplikationen. Es gab keine Situation, mit der ich nicht allein fertig geworden wäre. Trotzdem war diese Zeit sehr schwer für mich. Die ungewohnte Umgebung und die Angst, Timo nicht rechtzeitig zu hören, wenn er Atemprobleme hatte, ließen mich kaum schlafen. Dazu kam die ständige Wärme im Zimmer.

In diesen Tagen plagten mich starke Kopfschmerzen, ich war aber trotz allem frohgelaunt. Der Gedanke, daß Timo wenige Tage später nach Hause kommen sollte, hielt mich aufrecht. Alles andere war nebensächlich.

Mitte Februar 1985 – achteinhalb Monate nach Timos Geburt – war es endlich soweit. Timo durfte zu uns kommen, und unser großes Abenteuer konnte beginnen.

Am Morgen des Entlassungstages wurde er noch einmal gründlich untersucht, vor allem sein Köpfchen. Als die Ärztin das Bild des Ultraschallgerätes aufmerksam auswertete, nickte sie immer wieder, als würde sich etwas für sie bestätigen. „Ja“, meinte sie dann, „Sauerstoffmangel hat Timo auch gehabt.“

Davon hatte man uns bisher nie etwas gesagt. Laurenz und ich hatten die Ärzte in Timos Krisen ständig gefragt: „Wie sieht es mit der Sauerstoffversorgung von Timos Gehirn aus? Seine Sauerstoffwerte sind doch so schlecht. Bekommt das Gehirn noch genug?“

Die Antwort der Ärzte hatte meistens gelautet: „In lebensbedrohlichen Situationen versorgt der Körper zuerst die wichtigsten Organe und das Gehirn.“

In den letzten Monaten hatten Laurenz und ich häufig Angst gehabt, daß Timos Gehirn zusätzlich noch an Mangelerscheinungen durch eine Sauerstoffunterversorgung gelitten haben könnte. Nun wurden unsere Befürchtungen bestätigt.

Auch der Mittelbalken in Timos Gehirn schien nicht richtig ausgebildet zu sein, vermutete die Ärztin aufgrund des Ultraschallbildes.

Ich fragte bang: „Und welche Konsequenzen ergeben sich daraus für Timo?“

„Wahrscheinlich“, war ihre Antwort, „wird Timo mit jeder Körperhälfte getrennt etwas machen. Die Koordinierung von gewissen Dingen, wie ein Spielzeug von der einen in die andere Hand zu geben, könnte für ihn sehr schwierig sein. Man muß wirklich abwarten, wie seine Entwicklung weiter verläuft. Viel kann ich Ihnen zum jetzigen Zeitpunkt auch nicht sagen.“

Trotzdem ging mir dieses Gespräch nicht besonders nahe, weil ich immer nur dachte: Erst muß Timo mal nach Hause kommen. Dann werden wir weiter sehen!

Ich wollte einfach nichts mehr hören von Auffälligkeiten und Besonderheiten. Er sollte in erster Linie ein Kind sein, das dringend unsere ganze Kraft und Liebe bekam.

Endlich war es soweit – wir fuhren nach Hause. Doch schon auf der Heimfahrt gab es einige Probleme. Timo war sehr unruhig. Er war sehr verschleimt und hätte eigentlich abgesaugt werden müssen, aber zu dem Zeitpunkt hatten wir noch kein Absauggerät, das auch ohne Strom funktionierte.

Ohne die Geschwindigkeitsgrenze zu beachten fuhr Laurenz mit uns nach Hause. Deutlich spürten wir während der Fahrt, wie verängstigt Timo war; nicht nur die Geräusche – alles war fremd für ihn.

Gegen Abend kamen die Großeltern, die nun endlich das erste Mal ihr Enkelkind sehen wollten. Sie blieben aber nur ganz kurz, um Timo nicht mit noch mehr neuen Eindrücken zu belasten. An dem Abend haben sie uns nichts von ihrem großen Schrecken, den sie bei Timos Anblick bekamen, erzählt. Erst später gaben sie zu, wie schockiert sie gewesen waren. So klein und blaß hatten sie ihn von den Fotos her nicht in Erinnerung gehabt.

Timo wog mit 8 1/2 Monaten erst elf Pfund. Sein Körper war in seiner gesamten Entwicklung zurückgeblieben. Die Krankheiten, die er durchmachte, hatten seine ganze Kraft gefordert. Zum Wachsen und Zunehmen war kaum Energie übriggeblieben.

Auch in den nachfolgenden Jahren habe ich feststellen müssen, daß Timo weder an Größe noch an Gewicht zunahm, wenn es ihm nicht gut ging. Erholte er sich dagegen wieder, entwickelte er sich weiter. Und so ist es bis heute geblieben.

Unsere erste gemeinsame Nacht zu Hause war eine einzige Katastrophe. Timo hatte Durchfall bekommen. Seine Magenschmerzen waren offenbar derart schlimm, daß er beim Weinen einfach keine Luft mehr holte und wir ihm Sauerstoff geben mußten. Beinahe die ganze Nacht waren wir auf den Beinen. Als wir merkten, daß feuchtwarme Bauchwickel Timo Linderung verschafften, blieben wir nur noch im geheizten Badezimmer mit ihm. Erst dadurch kam er etwas zur Ruhe.

Fast drei Tage verbrachten wir im Bad. Wie schwarzes Wasser lief es aus Timos Po, und wir machten einen Bauchwickel nach dem anderen. Als Nahrung sondierten wir nur Tee.

Timo gefiel es im Bad. Die feuchte Wärme tat ihm sichtlich gut. Immerhin hatten wir nun einen Ort gefunden, wo wir uns mit ihm aufhalten konnten, wenn es ihm schlecht ging und er fast nicht zu beruhigen war. In den Monaten danach hat Timo viele Stunden im warmen Wasser gesessen und dann nackt auf der Wickelauflage gelegen, während wir ihn sanft massierten.

Als die ersten schlimmen Tage hinter uns lagen, waren

wir drei völlig erschöpft, aber wir hatten viel gelernt. Laurenz und ich hatten das Gefühl: Was immer jetzt auch noch kommen mag, diese Tage haben wir jedenfalls geschafft – und auch die nächste Krise werden wir meistern! Endlich konnten wir als Eltern etwas für unser Kind tun. Auf die Idee, zum Krankenhaus zurückzufahren, kamen wir gar nicht. Innerlich hatten wir uns auf eine schwierige Anfangszeit vorbereitet, und wie es sich später herausstellte, war das genau richtig.

Timos Durchfall zeigte uns ganz deutlich, daß sein Stoffwechsel völlig durcheinander geraten war, denn alles, was er in seiner neuen Umgebung erlebte, war fremd und beängstigend für ihn. Er schien zu spüren, daß seine bisherige und ihm vertraute Lebensform beendet war, und er mußte sich komplett auf etwas Neues einstellen. Daß ihm das nun buchstäblich auf Magen und Darm geschlagen war, war verständlich. Ich glaube, in diesen ersten Tagen in unserem Badezimmer ist der Grundstein für Timos Vertrauen zu uns gelegt worden.

Die nächsten Wochen waren sehr schwer für beide Seiten. Laurenz und ich wurden jeden Tag mit etwas Neuem konfrontiert, wobei der Schlafmangel am meisten an unseren Kräften zehrte. Timo war furchtbar unruhig, und wenn er wirklich einmal schlief, konnten wir fast sicher sein, daß sein Atemüberwachungsgerät Fehlalarm gab, weil es nicht mehr genügend Hautkontakt hatte.

Wie oft habe ich voller Panik im Bett gesessen und gerufen: „Laurenz, Alarm! Schnell Sauerstoff!“ Und wenn ich aufgeregt ins Kinderbettchen schaute, schlief Timo. Irgendwann hatte ich dann genug Vertrauen in meine Mutterinstinkte und legte das Gerät in die hinterste Ecke meines Kleiderschranks. Ich hatte begriffen, daß meine innere Stimme mich immer rechtzeitig wecken würde, sobald etwas mit Timo war. Oft bin ich sogar kurz vor ihm wach geworden und konnte an seinem Atemgeräusch hören, wie es ihm ging.

Der Einfachheit halber legten wir Timo zu uns ins Bett, wo das Absauggerät sowie das Inhaliergerät und der Sauerstoff standen, daneben in einem Flaschenwärmer die Nahrung, die er nachts sondiert bekam. So brauchte ich nicht ständig aufzustehen und konnte schneller wieder einschlafen, sobald er versorgt war.

Timo begann sich bei uns wohlzufühlen. Er war ruhig, wenn Laurenz und ich seine Hand hielten, aber seine Angstzustände verschwanden erst nach Jahren. Wie oft ist er damals weinend aufgewacht mit blanker Panik in den Augen! Wie oft verfolgten mich diese angsterfüllten Augen bis in meine Träume! Das einzige, was Timo helfen konnte, war Liebe und nochmals Liebe. Wir hüllten ihn völlig darin ein. Er sollte glücklich sein – das hatten wir uns zur Aufgabe gemacht.

An verschiedene Reaktionen von Menschen, die das Absaugen durch Timos Kanüle in der Öffentlichkeit miterlebten, erinnere ich mich noch deutlich.

Als wir uns zum ersten Mal mit Timo in das Gewühl einer Kirmes wagten, mußten wir gleich zu Anfang bei ihm Schleim absaugen. Laurenz nahm unser manuelles Absauggerät aus dem Kinderwagennetz, stellte es auf den Boden und beugte sich mit Kopf und Oberkörper in den Kinderwagen, um sein Werk auszuführen.

Ich stand neben Timos Kinderwagen und beobachtete, wie eine uns unbekannte Frau plötzlich voller Neugierde über die merkwürdigen Dinge, die da offensichtlich im Kinderwagen geschahen, ihren Kopf immer tiefer in das

Innere des Kinderwagens beugte, um auch alles mitzubekommen. Völlig perplex über diese merkwürdige Szene harrte ich der Dinge, die da kamen.

Laurenz, der gerade intensiv mit Timo beschäftigt war, befand sich jetzt Kopf an Kopf mit dieser Dame im Inneren des Kinderwagens. Zunächst verhielt er sich ganz ruhig und gelassen. Als die Dame aber eine Weile später immer noch keine Anstalten machte, sich zurückzuziehen, sondern ihm noch enger auf den Leib rückte, wurde es ihm doch zu lästig, und er knurrte: „Wenn Sie jetzt noch näher kommen, kassiere ich gleich Eintritt."

Erschrocken suchte die Frau das Weite. Vermutlich hatte sie gedacht, daß sie gerade Zeugin eines Kapitalverbrechens geworden wäre.

Ein anderes Mal setzten wir Timo beim Einkauf im Supermarkt vorn in den Einkaufswagen, damit er sich seine Umgebung besser anschauen konnte. Um seinem Körper etwas mehr Halt zu geben, stützte ich ihn mit den Händen ab.

Laurenz stellte den Kinderwagen seitlich im Eingangsbereich des Geschäftes ab und legte die Handabsaugpumpe in den Einkaufswagen. Gemächlich schoben wir den Wagen durch die Gänge des Supermarktes und packten nach und nach Lebensmittel hinein. Timo lachte und war begeistert, alles so hautnah mitzuerleben.

Wir befanden uns gerade in der Nähe der Fleischtheke, als Timo ein paar Mal recht kräftig hustete, das hieß für uns, Absaugen war angesagt.

Laurenz stellte das Absauggerät im Einkaufswagen auf und befreite Timo vom abgehusteten Schleim, wobei er ganz routiniert vorging. Wir machten uns keinerlei Gedanken darüber, wie dieses Bild wohl auf andere Menschen wirkte, wenn mit einem langen Schlauch unter saugenden

Geräuschen an so einem kleinen Kerlchen herumhantiert wurde.

Als Laurenz sein Werk vollendet hatte, merkten wir erst, daß sich unsere Umgebung wie in einem Dornröschenschlaf befand. Alle in der Nähe stehenden Menschen starrten uns an. Niemand rührte sich. Nur eine Stimme meldete sich andauernd, nämlich die der Verkäuferin hinter der Aufschnittheke, die vergeblich versuchte, die Aufmerksamkeit ihrer gerade zu bedienenden Kundin auf sich zu ziehen. Mit immer lauter werdender Stimme rief sie mehrmals hintereinander: „Was darf es bitte sonst noch sein?“

Die von ihr angesprochene Kundin war aber derart abgelenkt worden, daß die Fragen der Verkäuferin überhaupt nicht in ihr Bewußtsein drangen.

Ich war vor Aufregung gar nicht in der Lage zu reagieren. Laurenz war es wieder einmal, der die Situation mit seinem trockenem Humor auflockerte. Laut verkündete er: „Ich habe gerade mein verschleimtes Kind abgesaugt. Kann ich sonst noch jemandem helfen?“

Herausfordernd schaute er sich um und wedelte dabei demonstrativ mit dem Absaugschlauch durch die Luft. Es war, als hätten diese Worte eine magische Wirkung, denn plötzlich wurde unsere nähere Umgebung wieder lebendig.

Kapitel 5

Begreifen die Menschen
jemals das Leben,
während sie's leben –
jeden, jeden Augenblick?
Thornton Wilder

Nachdem Timo nun schon einige Wochen bei uns war und unser Leben wieder etwas von seinem normalen Rhythmus angenommen hatte, setzte ich mich mit Anita, einer Heilpädagogin, in Verbindung, die Problemkinder und ihre Familien betreute.

Einige Tage später kam sie dann das erste Mal zu uns. Auf Anhieb waren wir uns sympathisch. Von ihr erfuhren wir alles über die verschiedenen Frühförderungsmaßnahmen des Deutschen Roten Kreuzes. Da war ein Mensch in unser Leben getreten mit viel Verständnis für unsere familiäre Situation und einem Herzen voller Liebe für behinderte Menschen.

Gleich als sie zu uns kam sagte Anita: „Ich habe den Eindruck, daß Timo oft einfach lebensmüde ist und er sich deshalb so von seiner Umwelt abkapselt."

„Ja, das könnte der Grund sein", nickte ich und sah ihr zu, wie liebevoll sie mit Timo umging, „nur Schmerzen und Angst – das ist schon schlimm."

„Gerade die ersten Monate sind so wichtig für die Entwicklung des Menschen", fuhr sie fort, „Wärme, Nähe und Geborgenheit hat Timo noch nicht erlebt. Jetzt ist er in einer Phase, in der er kaum noch etwas aufnehmen kann.

Aus lauter Angst reagiert er deshalb sehr negativ auf alles, was ihm fremd ist. Wir müssen ihm jetzt ganz behutsam die schönen Seiten des Lebens näherbringen. Am besten fangen wir mit dem Schaukeln an", erklärte Anita weiter, „es ist sehr wichtig, weil es die Gehirnzellen anregt. Alle Kinder mögen es, weil es ihnen noch aus dem Mutterleib vertraut ist. Sieh mal, wenn ein Baby schreit, versucht jede Mutter instinktiv, ihr Kind durch sanftes Wiegen in den Armen zu beruhigen. Wenn ihr etwas Besonderes für Timo tun wollt, so schaukelt ihn, wann immer es möglich ist."

Nun konnten wir endlich manche Unruhe und Panik bei Timo besser verstehen. Unsere erste Anschaffung war deshalb eine Hängematte, die wir quer im Wohnzimmer aufhängten. Wann immer es uns möglich war, schaukelten wir Timo hin und her, und schon beim ersten Mal zeigte er uns sehr deutlich, wie gut es ihm gefiel. Dabei konnte er sich gut entspannen. Immer öfter schaute er nun interessiert von der Hängematte aus seine nähere Umgebung an. Durch aufgehängte Luftballons oder bunte Mobiles versuchten wir, Timos Interesse für verschiedene Formen und Farben zu wecken. Je gezielter und bewußter er etwas anschauen lernte, um so besser trainierte er seine Wahrnehmung.

Von Anita lernten wir enorm viel. Bei unserer nächsten Zusammenkunft mit ihr hielten wir uns im Badezimmer auf – Timos Lieblingsort. Sie erklärte uns, wie wichtig die Haut als Sinnesorgan ist.

„Reize, die über unsere Haut gehen, kommen direkt im Gehirn an und regen dort sofort verschiedene Gehirntätigkeiten an", meinte sie fröhlich, während wir Timo mit verschiedenen Tüchern und Bürsten streichelten. Mal war ein Gegenstand weich, mal rauh, und dann wieder hart. Es gab so viele Möglichkeiten, Timo über die Haut zu stimulieren, daß wir nun ständig ausprobierten, worauf er am besten reagierte.

Anita gab uns viele verschiedene Anregungen für Timos Förderung und war begeistert, denn Timo zeigte auf alles eine Reaktion. Schnell hatte er seine Vorliebe für Babymassage und Trockenbaden entdeckt, wobei er nackt in eine mit Styroporkügelchen gefüllte Plastikwanne gelegt wurde. Durch die Berührung der Kugeln mit seiner Haut erfolgte die Stimulation. Es gab allerdings auch wieder Tage, an denen er nicht besonders empfänglich war für zusätzliche Reize. Er hatte mit seiner Atmung zu kämpfen und mußte inhalieren, abgeklopft und abgesaugt werden. Die Lunge blieb sein ständiges Problem.

Einige Tage nach Timos Klinikentlassung fuhren wir zu einem Kinderarzt, der gerade in Mettingen seine Praxis eröffnet hatte. Dieser tat für Timo, was immer er konnte. Wenn Timo nicht transportfähig war, kam er zu uns. In allen Situationen beriet er uns und war jederzeit erreichbar. Seine Ruhe und seine Ausgeglichenheit haben mir oft geholfen, mein inneres Gleichgewicht in Angst- und Streßsituationen zu behalten oder wiederzufinden.

Gerade in der ersten Zeit gab es viele Situationen, die ich noch nicht einordnen konnte. Durch seine Unruhe zeigte Timo uns ständig, daß es ihm nicht gut ging und daß er Hilfe brauchte. Ohne ersichtlichen Grund hat er nie geweint, aber das haben Laurenz und ich erst mühsam in vielen schlaflosen Nächten lernen müssen. War eine Nacht mal wieder besonders schlimm gewesen, fuhr ich gleich am nächsten Morgen mit ihm zu unserem Kinderarzt. Fast immer war die Ursache für Timos Verhalten auf seine Lungenprobleme zurückzuführen.

Als Timo lebhafter wurde, entwickelte sich seine Ernährungssonde zu einem Problem, denn er hatte schnell gemerkt, wie er sie aus der Nase ziehen konnte. An manchen Tagen mußte ich die Magensonde sehr oft schieben. Wie schwierig das war, kann man sich vorstellen, denn Timo wehrte sich mit Händen und Füßen dagegen. Doch mir blieb keine andere Wahl, obwohl ich seine Abwehr gut verstehen konnte. Und dann gab es Tage, an denen seine Nasengänge so sehr geschwollen waren, daß ich keine Chance hatte, die Sonde zu legen. Das hieß für uns: Timo ins Auto packen und zur Kinderklinik fahren, wo dann die Ärzte ihr Glück versuchten. Manchmal waren wir gerade aus Osnabrück wieder zu Hause angekommen, da hatte Timo sich die Sonde schon wieder gezogen. Was blieb uns anderes übrig, als gleich wieder umzukehren und die wenig begeisterten Ärzte erneut um Hilfe zu bitten.

Auch nachts mußten wir oft genug zur Kinderklinik fahren. Vorausgegangen waren diesen nächtlichen Fahrten wieder etliche vergebliche Versuche unsererseits, die Sonde zu schieben. Da Timo aber auch nachts seine Nahrung und vor allen Dingen Flüssigkeit brauchte, mußte unsere Nachtruhe zurückstehen.

Nachdem wir Timo zwei Monate lang mit der Sonde gefüttert hatten, nahmen die Probleme zu, ihn auf diese Weise zu ernähren. Mir fiel auf, daß er starke Bauchschmerzen und einen Blähbauch bekam. Mittlerweile zeigte er uns immer deutlicher, wie sehr ihn die Sonde quälte, denn seine Nasengänge waren ständig gereizt.

Laurenz und ich überlegten hin und her, wie wir Timo auf andere Weise füttern könnten. Da er keinen Saugreflex mehr hatte, versuchten wir, ihm die Nahrung mit einem Teelöffel zu geben. Er genoß es sichtlich, endlich mal die Milch im Mund zu schmecken, denn er schmatzte richtig dabei. Unser Absauggerät stand beim Füttern startklar daneben. Oft kam die Milch auch wieder aus der Kanüle heraus.

Dann versuchten wir unser Glück mit Brei, pürierter Banane und Gemüse. Timo aß zwar nur winzige Mengen, aber das allein war für uns schon ein erster Fortschritt. Jede Stunde fütterten wir ihn, und nach und nach lernte Timo, besser mit Nahrung umzugehen.

Als Timo elf Monate alt war, zogen wir die Sonde und vertrauten darauf, ihn auch ohne sie ernähren zu können. Nach wie vor war jede Mahlzeit noch äußerst mühsam, doch wenigstens verschwanden die Bauchschmerzen innerhalb kurzer Zeit und er wurde etwas ruhiger.

Meine größte Angst beim Füttern war, daß Nahrung in Timos Lunge gelangen könnte. Sobald ich nur das leiseste Rasselgeräusch aus der Kanüle hörte, saugte ich sofort ab. Dieses Gefühl hat mich lange begleitet. Während ich diese Zeilen schreibe, fällt mir auf, daß ich diese Angst eigentlich erst vor einigen Monaten abgelegt habe, als ich merkte, welch große Fortschritte Timo durch die Eßtherapie in der Schule macht.

Unser Leben mit Timo bekam allmählich Formen, mit denen wir mal mehr, mal weniger gut zurecht kamen. Doch wieviel Schwierigkeiten hatten wir nicht schon gemeinsam überwunden! Timo war der Mittelpunkt unseres Lebens – überall bezogen wir ihn mit ein. Sein Kinderbettchen hatte Rollen, so daß er immer in meiner Nähe stehen und ich sein Atemgeräusch hören konnte, auch wenn er schlief.

Nachdem wir durch Anita viele Anregungen bekommen hatten, bemühten wir uns nun um eine Krankengymnastin, mit der wir Hausbesuche vereinbarten, weil das Autofahren Timo nach wie vor sehr belastete. Wir mochten sie auf

Anhieb, weil ihre Spontaneität und ihr Optimismus ansteckend wirkten.

Timo dagegen gefiel die Turnerei überhaupt nicht, vielleicht auch, weil seine Kanüle bei der Gymnastik ein großes Hindernis darstellte. Um zu Anfang überhaupt mit der Kanüle klarzukommen, überstreckte Timo seinen Kopf stark nach hinten. Daß er nun aus dieser für ihn angenehmen Haltung durch die Gymnastik herausgebracht werden sollte, ärgerte ihn maßlos. Er wehrte sich, wo er nur konnte. Manchmal, wenn seine Angst zu groß wurde, geriet er wieder in Panik und schrie, bis er keine Stimme mehr hatte. Das Turnen war immer ein Tanz auf dem Drahtseil. Es war nicht gut, wenn er überfordert wurde.

Ich muß zugeben, daß es eine Weile gedauert hat, bis ich merkte, daß es ein Zeichen äußerster Not bei ihm war, wenn er keinen Atem mehr holte. Durch die Kanüle kam keine Luft mehr an die Stimmbänder, so daß sich diese nicht mehr bewegen konnten. Seine einzige Möglichkeit, mit der Stimme auf seine Angst aufmerksam zu machen, versagte dann. Damit gab es für ihn nur noch die Möglichkeit, uns seine Panik durch große Unruhe zu zeigen.

In Timos ersten Lebensjahren war die Gymnastik oft eine Tortur für ihn. Nur wenn er körperlich einigermaßen fit war, klappte es gut. Seine Förderung war in allen Bereichen ganz stark von seinem jeweiligen Zustand abhängig. Jetzt, wo es ihm besser geht, genießt er jegliche Form der Bewegung.

Damals aber hing Timos Gesundheit häufig an einem seidenen Faden. Oft sind wir nur ganz knapp vor einem Klinikaufenthalt hergekommen. Meistens war eine Lungenentzündung der Grund seines schlechten Zustandes. Seine Lunge hatte sich nie richtig erholen können. Die Bronchien waren mit dickem zähen Schleim belegt. Dadurch führte er einen ständigen Kampf, seinen Körper ausreichend mit Sauerstoff zu versorgen.

Wie oft mußten wir zur Kinderklinik fahren, um Timos Lungen durch ein Röntgenbild überprüfen zu lassen! Das Ergebnis machte uns nicht gerade viel Mut, weil dort außer der stark verschleimten Lunge auch noch deutlich zu erkennen war, daß sich Timos Herz durch die andauernde Belastung der erschwerten Atmung stark vergrößert hatte.

Es war ein ständiges Auf und Ab. Damit ich die immer wiederkehrenden schlechten Phasen bei Timo besser verkraften konnte, fing ich an, mental mit bildhaften Vorstellungen zu arbeiten. Ging es ihm ganz besonders schlecht, so habe ich mir vorgestellt, daß ich in einem tiefen dunklen Keller sitze und jeden Tag wieder eine Stufe höher aus der Finsternis ans helle Tageslicht gehe.

Vielleicht mutet manchen die mentale Übung mit der bildhaften Vorstellung etwas komisch an. Doch inzwischen weiß ich durch jahrelange Erfahrungen mit meinem Unterbewußtsein: Vorstellung schafft Wirklichkeit – und Dinge, die in unserer Vorstellung auf der geistigen Ebene geschaffen werden, drängen zur Verwirklichung.

Ich habe daraus viel Mut gezogen, und den brauchte ich bei meinem Alltag zu Hause mit Timo immer wieder aufs neue. Nur durch meine Vorstellung schaffte ich es, mir klarzumachen, daß nach jedem Tiefgang auch wieder ein Aufgang kommt.

Laurenz dagegen wurde durch seine Arbeit abgelenkt, ich aber war Tag und Nacht nur mit Timos Krankheit konfrontiert. Um nicht unzufrieden zu werden, suchte ich mir ständig neue Anlässe, auf die ich mich freute und die ich von ganzem Herzen genießen konnte. Von jeher war ich ein fröhlicher und optimistischer Mensch – und wollte das auch bleiben. Laurenz sollte gerne von der Arbeit nach

Hause zurückkehren und dort nicht eine völlig frustrierte Ehefrau vorfinden. Ich erinnere mich, wie er des öfteren liebevoll zu mir sagte: „Gabi, ich finde es wunderbar, wie fröhlich du trotz deiner Belastungen mit Timo bist. Wenn ich den ganzen Tag so wie du zu Hause sein müßte und meine Arbeit nicht hätte, wäre ich wahrscheinlich ungenießbar.“

Das einzige, was ich brauchte, um mich wieder zu regenerieren, war ein wenig persönlicher Freiraum. Laurenz hat mich immer unterstützt, damit ich mir diese Zeit für mich nehmen konnte. Auf meine Mitmenschen wirke ich oft ruhig und ausgeglichen, was aber nur die eine Seite meines Wesens ausmacht, die andere Seite in mir ist spontan und temperamentvoll. Früher hatte ich häufig Schwierigkeiten mit meinem Naturell, und oft genug gab es heftige Temperamentsausbrüche, die meine Eltern so manches Mal zur Verzweiflung brachten. Wie ungeduldig war ich damals – bei mir mußte gleich alles in die Tat umgesetzt werden. Erst in dem Zusammenleben mit Laurenz bin ich viel ausgeglichener geworden.

Laurenz kann zwar auch sehr spontan sein, aber trotzdem ist er immer ausgeglichen dabei. Seine innere Ruhe und Harmonie haben sich ganz stark auf mich übertragen, so daß ich nun viel besser mit meinen eigenen Schwächen umgehen kann. Sicherlich bin ich ein Mensch, der viel und gern etwas für andere tut, aber ich könnte mich nie ganz aufopfern und aufgeben, auch für Timo nicht, selbst wenn hier manchmal ein anderer Eindruck entstanden sein mag.

Allein schon der Ausdruck „Aufopferung“ verschafft mir eine gewaltige Gänsehaut. Ich bin der Ansicht, erst wenn ich es schaffe, meine eigenen Träume und Vorstellungen zu verwirklichen, kann ich zufrieden mit mir und meinem Leben sein. Ein ausgeglichener Mensch kann anderen mehr geben, als einer, der sich selbst nie die Zeit und Chance zur Weiterentwicklung gegeben hat. Wann immer ich mich mit pflegenden Angehörigen austauschte, hörte ich sie sagen, daß sie, wenn sie nicht zwischendurch etwas Freiraum für sich selbst hätten, an ihrer Aufgabe erstickten. So geht es mir auch. In der Zeit, die ich dann einfach für mich beanspruche, fülle ich meine eigenen Kraftreserven wieder auf. Nur deshalb bin ich über die Jahre hinweg ein glücklicher und zufriedener Mensch geblieben.

Die Nächte, in denen es Timo schlecht ging, waren am schwersten zu ertragen. Nächte können furchtbar lang sein, und mir gingen dann die wildesten Gedanken durch den Kopf. Ungezählte Stunden lang habe ich nachts mit ihm im Arm auf dem Bett gesessen, ihn geschaukelt und Kinderlieder gesungen. Stunde um Stunde lief das Inhaliergerät, immer in der Hoffnung, etwas von dem zähem Schleim auf Timos Lunge, mit dem er so schwer zu kämpfen hatte, zu lösen. Die Angst um ihn wurde mein ständiger Begleiter, und ich muß zugeben, es fiel mir schwer, damit zu leben.

Manchmal habe ich auch an Timos Tod gedacht, aber es war einfach unvorstellbar für mich. Meistens schob ich diese Gedanken schnell wieder beiseite, weil ich sie nicht vertiefen wollte. Solange Timo lebte – und wenn es ihm auch noch so schlecht ging – wollte ich für ihn tun, was ich nur konnte. In kritischen Situationen behielten wir ihn zu Hause, bis wir es wirklich nicht mehr verantworten konnten.

Aber viele Male konnten wir nichts mehr für ihn tun, weil sein Zustand einfach zu schlimm war. Er mußte in die Klinik. Manchmal reichte es, wenn er bei einer Lungenentzündung zusätzlich Sauerstoff über einen Trichter bekam, aber wenn es wieder einmal ganz kritisch wurde, mußte er künstlich beatmet werden. In solchen Situationen spielte sich mein Alltag wieder im Krankenhaus ab. Tagsüber versorgte ich Timo und fuhr nur nachts mit Laurenz nach Hause, weil ich nicht ständig auf der Intensivstation schlafen konnte.

Um den fortwährenden Gedanken an Krankheit zu entfliehen, dachte ich tagsüber an Timos Bettchen manchmal an Stunden, in denen wir besonders fröhlich gewesen waren, wie zum Beispiel Timos Geburtstag. Jeder Geburtstag wurde bei uns als ein ganz besonderes Fest gefeiert. Keine Gedanken an Krankheit und Sorge sollten an diesem Tag aufkommen. Die ganze Familie war eingeladen. Ausgelassen und fröhlich machten wir ein Picknick, ich holte meine Gitarre aus der Ecke, spielte einige Lieder, und alle sangen mit.

Fröhlich rannten die Erwachsenen barfuß über den Rasen und machten mit großer Begeisterung bei den Kinderspielen mit, bei denen Timo der Mittelpunkt war. Das Strahlen seiner Augen und sein Lachen waren etwas, was jeder Geburtstagsgast in seinem Herzen mit nach Hause nahm. Als mir zum Abschied jemand sagte, er hätte heute den ganzen Tag über nicht daran gedacht, daß Timo krank sei, war ich ungeheuer stolz und glücklich.

Trotz Timos schlechtem Zustand merkten die Ärzte und Krankenschwestern in Osnabrück jedesmal, welche Fortschritte er inzwischen gemacht hatte. Mittlerweile war Timo so sehr auf seine Eltern fixiert, daß er den Ärzten die Untersuchungen schwermachte. Dadurch zeigte er uns ziemlich deutlich, wieviel Vertrauen er schon zu uns gefaßt hatte.

Jetzt waren Laurenz und ich sogar imstande, den Ärzten Anweisungen zu geben, wie sie mit Timo umgehen mußten. „Wenn Sie es auf diese Art und Weise weiterhin versuchen", meinte ich einmal sehr bestimmt bei einer Untersuchung, „gerät Timo in Panik und hört auf zu atmen." Von nun an wurden wir in jede Untersuchung mit einbezogen.

Die ständigen Krankenhausaufenthalte warfen uns immer wieder aus unserem normalen Tagesrhythmus, aber am meisten hatte Timo selbst darunter zu leiden. Jedesmal, wenn wir mit ihm aus der Klinik kamen, fingen wir wieder ganz von vorn an.

Wenn er dann sein Kinderbett nur sah, gebärdete er sich wie wild. Vermutlich weckte der Blick durch die Gitterstäbe des Bettchens Erinnerungen an die schlimme Zeit im Krankenhaus. Als wir merkten, wie unwohl er sich darin fühlte, schafften wir es ab, und er schlief nur noch bei Laurenz im Bett.

Bei mir verhielt sich Timo nie so ruhig und entspannt wie bei Laurenz, wahrscheinlich, weil ich selbst unruhig schlief. Laurenz dagegen strahlte soviel Ruhe aus, daß ich ihn oft als „Einschlafhilfe" mißbrauchte. Wenn ich nicht einschlafen konnte, brauchte ich mich nur an Laurenz zu kuscheln und schon schlief ich innerhalb kürzester Zeit tief und fest.

Manchmal wurden wir eher zaghaft von Freunden gefragt, ob wir bei unserem aufreibenden Leben überhaupt noch ein Liebesleben hätten. Diese Frage entlockte mir stets ein Lächeln, weil ich wußte, wie sehr Laurenz und ich gerade in schweren Zeiten unsere gegenseitige Liebe, Nähe und Wärme brauchten. Wir haben es immer geschafft, einen Freiraum für uns zu bewahren. Gerade weil wir völlig aufeinander eingestellt waren, konnten wir die

Liebe auch in unseren schwierigsten Lebensphasen genießen.

Da wir mit Timo gemeinsam im Ehebett schliefen, konnte es durchaus passieren, daß wir bei unserem Tun von einer kleinen naßgenuckelten Hand gestreichelt wurden. Timo, gerade aus dem Schlaf erwacht, war zu uns herübergerobbt. Das wiederum haute selbst den stärksten Elefanten um. Unser Lachkoller hatte zur Folge, daß wir uns nur noch liebevoll aneinander kuschelten, um gemeinsam mit Timo einzuschlafen. Er war zeitweise das beste Verhütungsmittel. Aber wie gut tat es ihm, zwischen uns eingekuschelt einzuschlafen.

Es ist schon ein wunderbares Gefühl, mit einem Menschen verheiratet zu sein, der alle Erlebnisse und Gefühle mit einem teilt. Gute Zeiten miteinander zu erleben, ist sicherlich nicht schwer, wirklich tiefe Empfindungen wachsen jedoch erst in schweren und einschneidenden Lebenssituationen. Jeder verarbeitet extreme Erlebnisse auf verschiedene Weise. Tiefes gegenseitiges Vertrauen kann nur entstehen, wenn man bereit ist, dem anderen durch tolerantes Verstehen zu helfen.

Hatte Timo sich wieder einigermaßen von einem Klinikaufenthalt erholt, versuchten wir, ihn weiter zu fördern. Wir hatten durch unsere Krankenhausaufenthalte mittlerweile viele Eltern, die genau wie wir ein behindertes Kind hatten, kennengelernt. Alle hatten verschiedene Erfahrungen hinter sich, und jeder wußte wieder etwas Neues zu berichten, was unseren Kindern helfen konnte.

Es gab sogar eine Phase, da wurden Laurenz und ich regelrecht von einem „Förderungsrausch“ gepackt. Wir waren der Meinung, daß wir so viel wie eben möglich für Timo tun mußten, damit er gute Zukunftsperspektiven hatte. Ich probierte alles aus, immer in dem Glauben, wirklich etwas Gutes für Timo zu tun. Dadurch war ich den ganzen Tag über voll und ganz in Anspruch genommen. Viermal täglich machte ich mit Timo krankengymnastische Übungen und ließ ihn zwischendurch immer wieder auf seinem Gymnastikball turnen. Bei jeder erdenklichen Gelegenheit wandte ich mein neu erworbenes Wissen über Frühförderung an, um Timo in allen Bereichen zu stimulieren.

Es kam, wie es eigentlich schon vorauszusehen war: Ich war körperlich und nervlich am Ende – und Timo völlig überfordert von meinen überzogenen Aktivitäten. Dadurch erreichte ich einen Punkt, wo ich gezwungen wurde, darüber nachzudenken, wohin uns mein Ehrgeiz mit Timos Training eigentlich brachte. War ich noch eine liebende Mutter, die ihr Kind so annehmen konnte, wie es war, oder war ich zur Therapeutin geworden, deren Ziel es war, sämtliche Defizite des Kindes auszubügeln, um es dem Normalen näherzubringen? Mußte ich mich nicht fragen, ob meine übertriebenen Maßnahmen überhaupt hilfreich für Timo waren, oder war ich vielleicht schon auf dem besten Weg, ihn auch noch seelisch zu deformieren? Waren Timos Unruhezustände, sein Weinen und seine Panik bei den meisten Übungen vielleicht sogar ein Verlangen nach Mitbestimmung für sein Leben, die ich ihm nicht gab? Ich verfügte doch nur über ihn. Niemand konnte Timo fragen, ob ihm diese ganzen Aktionen behagten. Ich gönnte uns keine Ruhe und vergaß dabei völlig, wie wichtig Pausen der Erholung sind. Tag und Nacht war ich im Einsatz und hatte keine freie Minute mehr für mich. Das einzige, was uns wirklich helfen konnte, war das Abstellen aller übertriebenen Maßnahmen. Wir mußten lernen, Timos Signale richtig zu deuten und entsprechend zu handeln.

In diesen Tagen der völligen Erschöpfung fällten Laurenz und ich Entscheidungen, die unser weiteres Zusammenleben mit Timo grundlegend veränderten.

Seit Timos Geburt hatten wir nur Angst, Sorge und Streß kennengelernt. Unsere gesamte Energie hatten wir in sein Überleben investiert. Jetzt wurde uns plötzlich klar, daß wir eigentlich nie so richtig gelernt hatten, uns mit der Behinderung unseres Kindes auseinanderzusetzen. Von Anfang an war uns zwar bekannt, daß Timo Schwierigkeiten hatte, aber die Auswirkungen auf unser gemeinsames Leben waren damals noch so weit weg und eigentlich gar nicht vorstellbar.

Immer häufiger spürten wir inzwischen, wie deutlich sich Timo von anderen Kindern unterschied, und die Vergleiche taten weh. Viele Bücher, die ich las, beschrieben die detaillierte Entwicklung von kleinen Kindern. Genauestens stand darin, was ein Kind in Timos Alter alles können sollte. Natürlich konnte Timo nichts von alledem. Sicher hatte auch er Fortschritte gemacht, aber die waren im Vergleich zu dem, was er in seinem Alter hätte können müssen, minimal.

Unser verzweifeltes Bemühen um Förderung war der letzte große Schritt zur endgültigen Akzeptanz von Timos Behinderung gewesen. Erst als ich am Ende meiner Kräfte war, erkannte ich, daß unser gemeinsames Leben so nicht weiterging.

Bei Laurenz wirkte sich die Verarbeitung anders aus als bei mir. Bedingt durch seine Arbeit hatte er weniger Möglichkeiten, Timo in irgendwelchen Bereichen zu überfordern. Wo ich meine gesamte Energie ins Handeln legte, grübelte er viel und suchte in seiner letzten Verarbeitungsphase Lücken und Fehler in Timos Krankheitsgeschichte. Er gab den Ärzten die Schuld, in den entscheidenden und schwierigen Phasen bei Timo Fehler gemacht zu haben. Für ihn mußte es einen Schuldigen für Timos Behinderung geben. Zum Glück kamen wir beide recht schnell zu der Erkenntnis, daß uns weder Vorwürfe, noch übertriebene Aktivitäten weiterhelfen würden.

Dafür sprachen wir jetzt öfters über unsere Zukunft. Wir setzten neue Werte und änderten unsere bisherigen Lebensvorstellungen, denn uns war klar geworden, daß es für ein Leben mit Timo keinerlei Maßstab geben konnte, an dem wir uns hätten orientieren können.

Da wir beide sehr gefühlsbetonte Menschen sind, nahmen wir uns für die Zukunft vor, nur nach dem zu handeln, was uns unsere innere Stimme sagt. In einem intensiven Gespräch stellten wir für uns und unser zukünftiges Leben mit Timo folgende Regeln auf:

1) Wir werden Timo mit nichts und niemandem mehr vergleichen und nehmen ihn so an, wie er ist. Was er lernt, ist gut, und wir werden uns darüber freuen, aber wenn er etwas nicht kann, akzeptieren wir das auch.
2) Wir werden weiterhin alles zu seiner Förderung tun, was uns möglich ist, aber in einem vernünftigen Rahmen.
3) Wir werden ihn wie bisher überall mitnehmen und versuchen, gut mit den Reaktionen anderer Menschen klarzukommen.

Als Symbol für unsere Einstellung warfen wir Timos Vorsorgeheft in den Müll. Gerade dieses Heft hatte uns immer wieder zu schaffen gemacht, weil es im Grunde genommen für behinderte Kinder völliger Unsinn ist. Im Laufe der Monate konnte fast alles angekreuzt werden, was mit Auffälligkeiten und Besonderheiten zu tun hatte.

Wir hatten festgestellt, daß wir nie die typisch normale Familie sein würden. Nun waren wir bereit, die Herausforderung, die das Leben mit einem behinderten Menschen bedeutet, anzunehmen und all das Neue, was auf uns zukommen würde, aufzunehmen.

Schlagartig ging es uns besser; es war, als hätten wir uns selbst von einem großen Druck befreit.

Endlich trat die langerhoffte Harmonie in unser Leben. Nach dieser Entscheidung fühlten wir uns wunderbar und erkannten mal wieder, daß nur die Liebe zu unserem Kind zählt.

Behinderte Menschen leben mit uns, um zu lernen. Timo wird sehr oft von anderen bedauert, die der Meinung sind, das Leben rausche an ihm vorbei und er habe keinen Anteil daran. Diese Annahme ist völlig falsch. Redet man zum Beispiel negativ oder in einem bedauernden Ton mit Timo, wird er traurig oder fängt sogar an zu weinen. Sonst ist er ein durch und durch positiver Mensch, der uns anregt, über viele Dinge nachzudenken. Jedem Menschen ohne Vorurteile zu vertrauen, ist eine ganz besondere Gottesgabe, die gerade unseren Timo auszeichnet.

Vor einiger Zeit las ich in einem Buch der Schweizer Sterbeforscherin Elisabeth Kübler-Ross das wunderbare Gedicht einer Mutter über ihr behindertes Kind. Sinngemäß geht es darum, daß Gott Menschen auf der Erde braucht, die uneingeschränkt Liebe verteilen und bewußt nichts Böses tun können. Ich erkannte schon bei den ersten Zeilen, daß eine tiefe Wahrheit darin liegt. Sie erinnerten mich wieder an eine Aussage von Laurenz, der einmal ganz spontan zu mir sagte: „Weißt du, Gabi, unser Timo muß doch ganz tiefes Urvertrauen in sein Leben und seine Mitmenschen haben – so, wie er darauf angewiesen ist, versorgt zu werden.“

Sehr nachdenklich geworden, antwortete ich: „Ich glaube, Timo hat noch etwas, das vielen Menschen verlorengegangen ist – nämlich eine direkte Verbindung zur Schöpfung; er ist eins mit Gott, und das macht ihn so glücklich, wie er ist.“

„Es erstaunt mich immer wieder“, fuhr Laurenz fort, „welch tiefe innere Zufriedenheit und Ruhe Timo ausstrahlt. Sieh mal, die Menschheit wird immer härter und brutaler. Täglich erreichen uns Meldungen durch die Medien, die wir kaum noch verkraften können. Um überhaupt noch Gefühle zu entwickeln, benötigen wir immer mehr Anreize.“

„Ja, das kann sein“, erwiderte ich, „glaubst Du nicht auch, daß Timo soviel Ruhe und Zufriedenheit ausstrahlt, weil er seine Aufgabe in diesem Leben, ein Kanal für die Liebe der Menschen zueinander zu sein, optimal erfüllt? Kann es nicht sein, daß er damit gleichzeitig selbst in den Genuß dieser wunderbaren Energie der Liebe kommt?“ fragte ich Laurenz und sah ihn aufmerksam an.

„Ja, du magst recht haben“, antwortete Laurenz, nachdem er längere Zeit über meine Frage nachgedacht hatte, „wahrscheinlich kann Timo wirklich alles viel intensiver genießen als andere, weil seine Schwächen für ihn nicht wichtig sind. Es sind ja nur die anderen, die ihn bedauern, weil er nicht sprechen und nicht laufen kann“, fügte er hinzu.

„Mir hat Timo durch seine Schwachpunkte oft meine eigenen gezeigt“, meinte ich zum Abschluß unseres Gespräches. „Gerade, weil er vollkommen auf uns angewiesen ist, hat er uns zu den Menschen gemacht, die wir heute sind. Timos Körper ist behindert – er kann nicht sprechen, und trotzdem erreicht er jedes Herz. Sein inneres Licht leuchtet so stark, daß daneben alles andere in den Schatten tritt.“

Kapitel 6

Jeder Mensch hat
einen gewissen Kreis,
in welchem er auf unnachahmliche Weise
wirken kann.
Johann Wolfgang von Goethe

In vieler Hinsicht waren wir froh, daß Timo unser einziges Kind war. Es wäre schwer für uns gewesen, ihn bei all den Klinikaufenthalten allein zu lassen.

Jetzt mußte er nur noch in unregelmäßigen Abständen nach Hannover zur Bronchoskopie. Mal lagen vier Wochen Zeit dazwischen, mal drei bis vier Monate. Auf diese Aufenthalte konnte ich mich jedoch vorbereiten, obwohl ich mich innerlich immer noch dagegen sträubte. Ich war es so leid, mein Leben ständig nur in der Klinik zu verbringen. Laurenz und ich wünschten uns so sehr, ein geregeltes Leben ohne Krankenhausaufenthalte zu führen. Unsere Familienangehörigen hatten kaum Gelegenheit, Timo richtig kennenzulernen, weil wir uns fast ständig mit ihm in irgendeiner Klinik aufhielten. Viele hatten Timo gegenüber schon fast Berührungsängste entwickelt, und kaum jemand traute sich, allein mit ihm im Zimmer zu bleiben.

Für unsere Familie waren Timos gesundheitliche Berg- und Talfahrten kaum noch nachvollziehbar, ihnen kam alles nur beängstigend und bedrohlich vor. Schon wenn wir mit Sauerstoffbombe und all den anderen Geräten ankamen, waren die meisten fürchterlich erschrocken.

Laurenz Oma Agnes war eine der wenigen, die dieser

Angst mit der ihr eigenen Gelassenheit begegnete. Timo war ihr erstes Urenkelkind, das sie stets liebevoll „mein kleines Prinzchen“ nannte. Fragten wir sie: „Oma, möchtest du Timo mal auf den Arm nehmen?“ so antwortete sie meistens: „Ja, gern – aber was mache ich nur, wenn er wieder einen Tummel kriegt?“

Bekam Timo einen heftigen Hustenanfall und mußte anschließend abgesaugt werden, so war das für Oma Agnes ein „gefährlicher Tummel“. Jetzt, wo Oma Agnes tot ist, denken wir noch oft mit Wehmut an ihre liebevollen schlichten Worte zurück.

Im Juni 1986 hatte Timo wieder einen Termin zur Bronchoskopie in Hannover. Wir bekamen Nachricht, daß eine Ärztin aus Zürich – eine Spezialistin auf diesem Gebiet – alle Kinder mit einer Trachealkanüle untersuchen wollte.

Nach der Bronchoskopie, die in Vollnarkose gemacht wurde, meinte die Ärztin: „Kein Wunder, daß Ihr Sohn sein ganzes bisheriges Leben lang Atemprobleme hatte. In seiner Luftröhre sitzt ein ziemlich harter Tumor.“

Laurenz und ich sahen uns betroffen an.

„Ein Tumor?“ fragte ich bestürzt. „Das begreife ich nicht. Warum hat man den denn vorher nicht gesehen?“

„Ich habe ihn auch nur ganz zufällig entdeckt“, antwortete sie ausweichend. „Wenn Sie erlauben, kann Timo morgen von mir operiert werden.“

Froh über diese überraschende Diagnose, aber trotzdem sehr betroffen, gaben wir unser Einverständnis – und Timo bekam einen Tag später schon wieder eine Narkose.

Die Operation dauerte fast zwei Stunden. Wie oft hatten Laurenz und ich nicht schon vor diesem Operationssaal gestanden! So nervös wie an diesem Tag waren wir allerdings noch nie.

Bei den Bronchoskopien der letzten Monate wurden bei Timo Wucherungen aus der Luftröhre entfernt, die sich durch den Druck und die Reibung der Kanüle ständig neu gebildet hatten. Das Entfernen der Granulationen hatte Timo jedesmal gut überstanden, so daß uns die Routine die Furcht vor diesen Eingriffen genommen hatte. Aber jetzt hatten wir große Angst. Würde alles gut gehen und der Tumor vollständig entfernt werden können?

Unsere Unruhe war jedoch unbegründet, denn kurze Zeit später hatte Timo alles gut überstanden. Gegen Abend kam die Ärztin zu uns ins Zimmer, um mit uns zu sprechen.

„So, das haben wir! Der Tumor ist vollständig entfernt. Es war zwar äußerst schwierig, weil er ziemlich hart war und ich ihn nur millimeterweise abschaben konnte, aber ich habe es geschafft."

Trotz unserer spürbaren Erleichterung quälte uns eine Frage. „Warum haben die Ärzte hier in Hannover nach so vielen Bronchoskopien diesen Tumor nicht gesehen?" fragte Laurenz.

Die Ärztin ergriff Partei für ihre Kollegen und erklärte uns: „Der Tumor saß ganz versteckt unterhalb der Stimmbänder, deshalb konnte man ihn wirklich nur durch Zufall entdecken."

Selbst als diese Operation schon einige Zeit zurücklag, machten wir uns oft Gedanken, was eigentlich aus Timos Leben geworden wäre, hätte man den Tumor, den er von Geburt an gehabt hatte, eher entdeckt und operiert? Wäre ihm dann nicht die ganze Atemnot und das dauernde Verschlucken erspart geblieben? Hätte er nicht viel besser essen können? Selbst die Ärztin war der Meinung, daß Timo mit dem Tumor in der Luftröhre nicht richtig schlukken konnte. Wären ihm dadurch nicht etliche Lungenentzündungen erspart geblieben?

Ja, wäre ...! Diese Kette von Fragen ließe sich beliebig mit Bitterkeit im Herzen fortsetzen, würde uns aber jetzt nicht mehr weiterhelfen. Wenn man sich mit der Behinderung seines eigenen Kindes auseinandersetzen muß, könnte man es sich durch die Suche nach Schuldigen und entsprechenden Schuldzuweisungen sicher einfacher machen.

Auch wir sind auf dieser „Wäre"-Theorie herumgeritten, obwohl wir Timo annahmen und liebten wie er war. Insgeheim ertappten wir uns aber doch dabei, daß wir Feststellungen trafen, für die es nun zu spät war: Hätte man den Tumor gleich erkannt, dann wäre Timos Lunge nicht so belastet oder sein Sauerstoffmangel nicht so gravierend gewesen ...!

Laurenz und ich haben uns durch unseren Timo sehr viel weiterentwickeln können. Uns ist klargeworden, daß Timo sein eigenes persönliches Schicksal, das er für die Erfüllung seiner Lebensaufgabe braucht, längst angenommen hat. So wie alles gekommen ist, ist es richtig und gut. Wir sind dankbar, denn wir haben relativ früh gemerkt, daß wir von der Schöpfung mit einem ganz besonderen Kind ausgezeichnet worden sind.

Einen Monat nach der Operation des Tumors war ich wieder für längere Zeit mit Timo in Hannover. Diesmal sollte seine Kanüle entfernt werden. So ohne weiteres war das natürlich nicht möglich. Schritt für Schritt mußte Timo von der Kanüle entwöhnt werden, um normal atmen zu lernen, was längere Zeit dauerte.

Der Durchmesser der Kanüle wurde täglich verkleinert. Kam er mit der kleineren zurecht, wurde das Experiment fortgesetzt. So lernte Timo in kleinen Schritten, neben der Kanülenatmung wieder durch Mund und Nase zu atmen. Als dann der kleinste Durchmesser erreicht war, wurde die Kanüle einen Tag lang verschlossen.

Für Timo hieß es nun, seinen ganzen Körper durch Mund und Nase mit Sauerstoff zu versorgen. Er schaffte es, obwohl es ihm sichtlich schwer fiel und er sehr unruhig war.

Dann kam der große Tag. Über Timos Bett wurde ein Sauerstoffzelt aufgebaut und die Luft darunter mit reinem Sauerstoff angereichert. Dann wurde die Kanüle entfernt. Zuerst geriet Timo in Panik, beruhigte sich aber relativ schnell, nachdem er gemerkt hatte, daß er genug Luft zum Atmen hatte.

Geplant war, daß Timo einige Stunden unter dem Sauerstoffzelt bleiben sollte. Doch er hatte sich das scheinbar anders vorgestellt. Ihm war langweilig, und er machte großes Theater.

Mit der Erlaubnis des Oberarztes nahm ich ihn hoch und ging mit ihm auf dem Arm im Zimmer spazieren. Während Timo seine Freude daran hatte, war es für mich eine ganz neue Situation. Ich befürchtete, er könnte es nicht schaffen, längere Zeit ohne Kanüle zu leben. Das neue Geräusch, das er von sich gab, wenn er atmete, war mir ganz und gar nicht geheuer. Ich war noch immer völlig auf das Atemgeräusch der Kanüle eingestellt. Nur daran hatte ich immer hören können, wie es Timo ging. Die feinen Unterscheidungen dieser Geräusche hatten Laurenz und ich sehr bald gelernt. Für Außenstehende hatte sich Timos Atmung oft bedrohlich angehört. Beim Spaziergang oder Einkaufen bin ich des öfteren gefragt worden, ob er stark erkältet sei. Die Fragen waren durchaus berechtigt, denn in der Tat hörte sich sein Atmen sehr verschnupft an.

Nun gab Timo völlig fremde Geräusche von sich. Seine Stimme klang wie eingerostet und trieb mir die Tränen in die Augen. In Osnabrück hatte ich seine Stimme auch schon ein paar mal gehört, wenn die Ärzte testeten, wie er ohne Kanüle zurecht kam. Das aber waren – im Gegensatz zu der Situation in Hannover – nur kurze Augenblicke gewesen.

Timo selbst war auch erstaunt über seine Töne. Manchmal kamen auch richtige Laute aus seiner Kehle, die sich anhörten, wie: „Ja, ja, ja ...“ Es war ein unbeschreibliches Gefühl für mich, nach mehr als zwei Jahren, etwas anderes als ein verschnupft klingendes Atemgeräusch von meinem Kind zu hören.

Nachdem Timo einige Zeit ohne Kanüle in Hannover lebte und auch die Nahrungsaufnahme einigermaßen klappte, fuhren wir mit einem kanülenlosen Kind nach Hause. Wenn dort alles gut liefe, sollte später in Hannover mit einer letzten Operation der Luftröhrenschnitt wieder verschlossen werden. Das konnte aber erst gemacht werden, wenn Timo keine Schwierigkeiten mehr beim Essen hatte und sicher war, daß nichts mehr in die Luftröhre gelangen würde.

Bisher war die Nahrungsaufnahme allerdings nicht so verlaufen, daß man diesen Schritt schon wagen konnte. Doch mit viel Optimismus fuhren wir nach Hause. Wir waren überzeugt davon, daß Timo ohne Kanüle wesentlich weniger Schwierigkeiten haben würde. Ohne Röhrchen im Hals müßte er doch die Nahrung viel leichter schlucken können. Das wiederum bedeutete: keine Nahrung mehr in der Lunge, also keine Lungenentzündungen mehr und ein viel besserer Allgemeinzustand.

Die Familie war begeistert. Alle waren wir der Meinung, daß Timos Situation nur noch besser werden konnte – aber alle hatten wir uns gründlich getäuscht. Ohne erkenntliche Ursache gelangte immer noch Nahrung in die Luftröhre. Nur, wie sollten wir diese Nahrung jetzt ohne Kanüle absaugen? Wir konnten nur darauf hoffen, daß Timo sie durch die noch nicht verschlossene Öffnung am Hals abhustete. Doch der Hustenreflex setzte nicht immer rechtzeitig ein, so daß es oft zu spät war. Er bekam eine Lungenentzündung nach der anderen.

Ein weiteres Problem kam dazu: Timos ständiges Spucken. Keine Mahlzeit blieb vollständig im Magen. Nach einer Untersuchung stellten die Ärzte dann fest, daß Timo zu allem Überfluß auch noch am Magen operiert werden mußte.

Mittlerweile war es Herbst 1986. Timo war jetzt fast zweieinhalb Jahre alt. Wieder richtete ich mich auf einen längeren Klinikaufenthalt ein ...

Auch in einem anderen Lebensbereich fing eine aufregende Zeit an: der Bau unseres Hauses. Unsere Wohnung wurde allmählich zu klein. Wir hatten uns entschlossen, nach Recke – einer kleinen Stadt in der Nähe von Osnabrück – zu ziehen. Dort befand sich ein Kindergarten und eine Schule für Behinderte. Unser Wunsch war es, Timo in diesen Einrichtungen betreuen zu lassen, falls es sein Gesundheitszustand zuließ. Bis dorthin hätte er nur eine kurze Anfahrt und keine zusätzliche Belastung durch eine lange, anstrengende Autofahrt. Außerdem hatten wir erfahren, daß dort hervorragende therapeutische Arbeit geleistet wurde. Neben dem Kindergarten und der Nähe der Schule gefielen uns der Ort sowie die umliegende Landschaft ausgesprochen gut.

Wir hatten Glück und bekamen ein schönes Grundstück

angeboten. Da sich unserer zukünftiges Haus in Dorfnähe befand, konnte ich in Zukunft alles Wichtige bequem mit Timo im Buggy erledigen. So war ich nicht immer auf ein Auto angewiesen wie bisher. Auf diesen neuen Freiraum freute ich mich ganz besonders. Das Recker Moor – ganz in der Nähe unseres neuen Zuhauses – bot sich für ausgedehnte Spaziergänge und Fahrradtouren geradezu an. In dieser schönen ebenen Landschaft würden wir, selbst wenn Timo im Rollstuhl säße, überall gut hinkommen, ohne uns mit größeren Steigungen quälen zu müssen.

Die Zeit verging. Timo wurde am Magen operiert. Als ich nach der Operation an seinem Bettchen stand, bekam ich einen großen Schrecken: Er trug wieder eine Kanüle. Auch schien mir, als habe er große Schmerzen. Unruhig und völlig überstreckt lag er in seinem Bett.

Der Arzt, der neben mir an Timos Bett stand, erklärte mir die Situation: „Es war einfacher, Timo während der Operation durch die Kanüle zu beatmen, als durch einen Tubus. Seien sie unbesorgt, in ein paar Stunden geht es ihm besser."

„Ist die Operation erfolgreich verlaufen?" fragte ich bang und sah ihn erwartungsvoll an.

„Ob sie ein Erfolg war, wird sich erst mit der Zeit herausstellen, wenn Timos Reaktionen nach der Nahrungsaufnahme beobachtet werden können", meinte er abwägend. Er hatte Timo zusätzlichen Sauerstoff verordnet, damit er keine Atemschwierigkeiten bekam.

Daß sich seine Atmung nach der Narkose verschlechtern würde, war uns allen klar gewesen. Ich hatte schon häufig miterlebt, wie verschleimt Timo nach einer Narkose war und daß es einige Tage dauerte, bis der alte Zustand der Lunge wieder erreicht war. Das allein machte mir auch keine allzu großen Sorgen. Die Kanüle fand ich viel schlimmer. Ich hatte damit gerechnet, daß sie schon auf der Wachstation herausgezogen worden wäre und fürchtete, daß Timo sich wieder daran gewöhnen würde. Und das wollte ich auf jeden Fall vermeiden.

Der anwesende Arzt, mit dem ich über meine Sorge sprach, war der gleichen Ansicht wie ich. Er gab Timo noch etwas zusätzlichen Sauerstoff und zog ihm die Kanüle vorsichtig heraus. Zum Glück schaltete Timo sofort um und konnte ohne Kanüle atmen.

Gleich nach der Arbeit kam Laurenz zu uns in die Kinderklinik. Er verbrachte noch einige Stunden am Bett seines Sohnes, dem es nicht gut ging, dann mußte er wieder nach Hause fahren.

Ich blieb bei Timo und war fast die ganze Nacht auf den Beinen. Er kam einfach nicht zur Ruhe. Auch die nächsten beiden Tage brachten keine große Änderung bei Timos Zustand. Er war und blieb unruhig und reagierte kaum auf irgend etwas.

Mir ging es auch nicht besonders, ich hatte bisher kaum geschlafen und kam nur zu den Mahlzeiten aus dem Krankenzimmer.

Erst am vierten Tag nach der Operation trat eine Besserung ein. Timos Unruhe hielt sich jetzt in Grenzen, er lachte sogar zuweilen. Da es ihm besser zu gehen schien, war es ihm im Bett schon wieder viel zu langweilig, und er zappelte so wild herum, daß ich Angst um seinen Bauchschnitt bekam, aber der verheilte wunderbar. Timo bekam kleine Mengen Nahrung sondiert, und zur Erleichterung aller, blieb sie im Magen und bereitete ihm keine Schwierigkeiten mehr. Es ging wieder bergauf.

An Besuchern hat es Timo während dieser Zeit nicht gemangelt. Alle freuten sich, daß es ihm wieder besser ging. Für mich waren die Besuche eine nette Abwechslung in der Krankenhausroutine und ein kleiner Draht zur Außenwelt. Es tat mir gut, mal über etwas anderes zu reden, als nur über Krankheiten.

Tagsüber war Timo mittlerweile quietschvergnügt und an allem interessiert, die Nächte aber blieben unruhig. Ich kam kaum zum Schlafen. Wenn ich bemerkte, daß Timos Angst nachts zu groß wurde, holte ich ihn zu mir auf die Liege, schaukelte ihn in den Schlaf und sang stundenlang Kinderlieder.

Als Timo eine Woche in der Klinik lag, kam eine Schwester zum Nachtdienst, die ich noch nicht kannte. Sie war sehr sympathisch, und wir unterhielten uns eine ganze Weile. Während unseres Gesprächs bemerkte sie plötzlich, wie übermüdet ich war, und meinte spontan: „Heute Nacht achte ich allein auf Timo, und Sie werde ich auf einer Matratze im Kindergarten unterbringen, damit Sie mal wieder eine Nacht durchschlafen können."

Ich war zu erschöpft, um zu widersprechen. Timo lag auf einer Station, an deren Flur ein kleiner Kindergarten angrenzte, in dem die Kinder spielen konnten, soweit es ihr Zustand erlaubte.

Obwohl es mir schwer fiel, Timo allein zu lassen, wußte ich, daß es Zeit war, an mich zu denken, sonst hätte ich bald keine Kraft mehr gehabt.

In dieser Nacht war Vollmond, und er erhellte den ganzen Raum. Vor dem Einschlafen sah ich die vielen Spielsachen und dachte daran, welche Kinder wohl schon damit gespielt hatten. Die Geräusche der Station klangen gedämpft zu mir herüber. Obwohl sich Timos Zimmer am anderen Ende des Flures befand, glaubte ich nach wie vor, seine Atmung zu hören. Ich wußte selbst, daß das nicht möglich war, aber es fiel mir schwer, abzuschalten.

Die Nacht verlief ohne besondere Ereignisse. Zwar wachte ich einige Male auf und bildete mir immer wieder ein, Timo zu hören, aber in meiner großen Erschöpfung schlief ich schnell wieder ein.

Am nächsten Morgen erzählten mir die Schwestern, Timo sei oft wach gewesen, doch er hätte gute Laune gehabt und zwischendurch mit der Nachtschwester gespielt. Wie erleichtert war ich! Ich fühlte mich so frisch, wie schon lange nicht mehr.

Zwei Tage vor seiner Entlassung brach sich Timo die Ecke eines Zahnes ab. Ich telefonierte mit einem Osnabrücker Zahnarzt, der schon viele Problemkinder behandelt hatte.

In der Mittagszeit kam er in die Klinik, um sich Timos Zahn anzusehen. Als Folge der vielen Medikamente waren die Zähne sehr schlecht und kariös. Laurenz und ich hatten schon öfter das Gefühl, daß Timo gerade nachts Zahnschmerzen quälten. Wenn es ganz schlimm wurde, biß er sich richtig in seiner Matratze fest, um sich abzureagieren.

Wider Erwarten gab es für den Zahnarzt keine Probleme, an Timos Zähne heranzukommen. Er sprach sehr lieb mit dem Kind und behandelte es ganz vorsichtig. Mit einer kleinen Feile konnte er die Spitze des abgebrochenen Zahnes abschleifen. Die Gefahr, sich an der Zahnspitze zu verletzen, war gebannt. Retten konnte man die Zähne nicht mehr, sie mußten alle gezogen werden. Bei einem unserer letzten Aufenthalte zur Bronchoskopie in Hannover erfolgte dann dieser Eingriff. Während der Narkose kam ein Zahnarzt hinzu und zog die Zähne. So konnten wir Timo eine zusätzliche Narkose ersparen.

Ähnlich hatten die Ärzte in Hannover Timo auch schon bei einer komplizierten Augenuntersuchung behandelt. Sein linkes Auge tränte ständig, und die Augenärztin vermutete einen verstopften Tränenkanal. Als er wieder einmal wegen einer seiner vielen Bronchoskopien in Narkose lag, versuchte sie, den Tränenkanal durchzuspülen, konnte aber nur feststellen, daß er verknöchert war. Also erklärte sie uns, daß nur eine aufwendige Operation helfen könnte. Es sei jedoch ratsam, sie erst ab dem vierten Lebensjahr durchzuführen

Wir ließen die Operation, selbst als Timo das passende Alter hatte, nicht machen. Wir fanden eine andere Lösung für ihn. Er bekam eine Brille, die er trägt, sobald wir mit ihm nach draußen gehen. Sie dient ihm als Schutz. Solange kein Zug an sein Auge kommt, tränt es auch nicht.

Später bekam Timo noch eine passende Sonnenbrille, da er grelles Licht nicht verträgt. Die ersten Lebensmonate auf der Intensivstation, nur im Neonlicht hatten seine Augen empfindlich gemacht.

Es stellte sich heraus, daß Timos Magenoperation ein voller Erfolg war. Sämtliche Nahrung blieb im Magen. Offensichtlich ließen auch mit der Zeit seine Zahnschmerzen nach, dafür aber fingen meine erst richtig an. Innerhalb kürzester Zeit hatte ich drei Wurzelkanalbehandlungen, die mich, obwohl ich kein besonders empfindlicher Mensch bin, stets für einige Tage außer Gefecht setzten. Jedesmal wurde mir dabei überdeutlich bewußt, was Timo schon alles ausgehalten hatte, und ich schämte ich mich meiner eigenen Schwäche. Eine Erklärung, woher nun plötzlich diese massiven Zahnprobleme kamen, bekam ich von den Ärzten nicht. Es wurden lediglich Vermutungen angestellt, die nichts brachten.

Erst Jahre später bekam ich meine eigene, ganz außergewöhnliche Antwort auf die Bedeutung dieser Probleme. In dem Buch „Tanze, solange du kannst!“ von Shirley

McLaine schreibt die Autorin über ihr Gespräch mit einem Lehrer der Metaphysik. Er hatte offensichtlich erkannt, daß absterbende Nerven gleichzusetzen sind mit alten Wertvorstellungen.

„Wurzelkanalbehandlungen werden oft nötig, wenn Menschen ihre bisherigen Vorgehensweisen aufgeben", sagte er. Das könne geschehen, wenn Menschen in der Sichtweise ihres Lebens und in der Einstellung zu ihrer Arbeit bedeutende Veränderungen durchmachten. Auch meinte er, das Erreichen neuer Perspektiven würde oft von Zahnproblemen begleitet, bei denen der Gaumen und die Nerven eine Rolle spielten. Um sich über die alten Strukturen hinauszuentwickeln, wären neue Nerven erforderlich, daher müßten die alten absterben und weichen.

Als ich diesen Absatz gelesen hatte, fiel es mir wie Schuppen von den Augen. Nach Timos Geburt hatte sich mein Leben schlagartig verändert und zwangsläufig auch meine Einstellung zu vielen Dingen. Ohne Luft holen zu können, wurde ich dazu gezwungen, eine neue Richtung für ein Leben mit einem schwerstbehinderten Kind zu finden, und jeder neue Krankenhausaufenthalt bedeutete erneute Umstellung und Richtungswechsel.

Dauernd war ich in Aufbruchstimmung, ohne zu wissen, wohin ich eigentlich gehen sollte. Durch die oben erwähnte Aussage begriff ich plötzlich, daß es einen tiefen Zusammenhang zwischen Körper und Seele gibt, und ich versuchte, noch mehr über diese Zusammenhänge zu erfahren.

Mit der Zeit lernte ich, daß ich keine Antwort von Außenstehenden zu erwarten hatte. Ich mußte selbst Ursachenforschung betreiben, denn es war ja mein Körper, der erkrankt war. Wie die meisten war auch ich damals der Ansicht, daß Körper und Geist zwei völlig voneinander getrennte Teile waren. Jetzt wurde mir klar, daß meine Gesundheit auf der Harmonie von Körper, Geist und Seele basiert. Niemand anders als ich ist für meinen Körper und seine Gesunderhaltung verantwortlich. Die Ausdrücke „Das ist mir auf den Magen geschlagen“ oder „Das bereitet mir noch Kopfweh“ sind keineswegs nur alltägliche Sprüche ohne tiefere Bedeutung.

Habe ich heute einmal Kopfweh, so weiß ich sehr genau, was mir Kopfzerbrechen bereitet. Wenn mir etwas auf den Magen geschlagen ist, so hat das nicht nur eine grassierende Magen- und Darmgrippe als Ursache. Von meinem neuen Wissen habe ich enorm profitiert und gelernt, viele Begebenheiten meines Lebens richtig einzuordnen.

Nach Timos Krankenhausaufenthalt begann eine schwierige Zeit für mich. Unser Hausbau war in vollem Gange. Ständig war ich allein mit Timo, weil Laurenz nach der Arbeit direkt zu unserem Bau fuhr. Da Laurenz handwerklich sehr geschickt ist, wollten wir so viel wie eben möglich allein machen, um Kosten zu sparen. Dafür mußte ich in Kauf nehmen, daß er kaum noch zu Hause sein konnte, was nicht leicht war.

Manchmal machte es mich schon ein wenig traurig, nichts zum Aufbau unseres zukünftigen Heimes beitragen zu können, da keiner außer mir auf Timo aufpassen konnte. Für kurze Zeit hatten meine Mutter und meine Schwester das zwar schon mal übernommen, aber ich wußte, wieviel Angst sie dabei hatten. Ich wollte sie nicht überfordern. Die Bedienung der technischen Geräte bei Timos Versorgung war schwer. Hinzu kamen die Situationen, in denen Timo vor Angst keine Luft mehr bekam und mit Sauerstoff versorgt werden mußte.

Die Verantwortung war einfach zu groß, um jemanden

öfter damit zu belasten. Aber auf ihre Art und Weise versuchten alle aus unserer Familie, uns zu unterstützen.

Ich erinnere mich noch genau an ein Telefongespräch mit meiner Schwester Maria, als es Timo eines Abends sehr schlecht ging und Laurenz bis spät in die Nacht hinein arbeiten mußte. Während wir miteinander sprachen, muß Maria wohl gespürt haben, welche Sorgen ich mir machte. Sie und ihr Mann Klaus machten sich nach unserem Telefonat sofort auf den Weg zu mir. Ich war unendlich dankbar, daß die beiden zwei Stunden Autofahrt in Kauf nahmen, um mir für kurze Zeit beistehen zu können.

Dieses ist nur ein Beispiel der gegenseitigen Hilfsbereitschaft in unserer Familie. Ich bin meinen Eltern zutiefst dankbar, daß sie uns diese wichtigen Aspekte des Lebens vorgelebt haben. Nur so ist es für uns selbstverständlich geworden, danach zu leben und zu handeln.

Den 5. Dezember 1986 habe ich in ganz besonderer Erinnerung. Als ich an diesem Tag vor dem Spiegel im Bad stand und mir die Haare fönte, hatte ich plötzlich das Gefühl, wieder schwanger zu sein. Erschrocken hielt ich inne – es war so, als spürte ich Leben, ähnlich den zarten Fußtritten eines ungeborenen Babys. Ich stutzte. Es konnte doch gar nicht sein, denn ich nahm regelmäßig die Pille.

Sofort ging ich zu Laurenz, der im Wohnzimmer auf dem Sofa lag und las. Ich erzählte ihm von meinem Erlebnis.

Fassungslos blickte Laurenz mich an und sagte mit einem eigenartigen Gesichtsausdruck: „Ich fasse es nicht! Gerade eben – in diesen Minuten – habe ich darüber nachgedacht, daß es im Gegensatz zu unserer Entscheidung von gestern doch schön wäre, noch ein Kind zu haben. Unser Wunsch war doch eigentlich immer, daß Timo in einer

Familie mit Geschwistern aufwachsen sollte."

Wir sahen uns an und lachten – wieder dieses absolute gegenseitige Einverständnis! Wir hatten wirklich gerade einen Tag zuvor darüber gesprochen, daß wir in den nächsten Jahren kein Kind mehr wollten. Nun plötzlich, von einer Minute zur anderen, hatten Laurenz und ich beide unabhängig voneinander unsere Meinung geändert! Wie oft ist uns das nicht in all den Jahren passiert!

Wir wälzten den Gedanken hin und her, was ein weiteres Kind für unsere kleine Familie bedeutete. Von allen Seiten beleuchteten wir vor allem Timos Situation. Er war in der Medizinischen Hochschule in Hannover gründlich von einer Humangenetikerin untersucht worden. Sie konnte seine körperlichen und geistigen Probleme keinem bestimmten Syndrom zuordnen. Aber sie war der Ansicht, daß eine Behinderung bei einem weiteren Kind auszuschließen sei. Selbst in der Kinderklinik hatten uns die Ärzte wiederholt versichert, daß Timos Zustand als einmaliger Unglücksfall zu betrachten sei. Mit einer Wiederholung, so sagten uns alle, sei nicht zu rechnen.

Die Entscheidung, mit einem weiteren Kind noch zu warten, war deshalb einzig und allein von uns aus der Besorgnis getroffen worden, daß wir im Moment mit dem zusätzlichen Zeit- und Pflegeaufwand überfordert wären.

Jetzt jedoch, durch diese intuitive Übereinstimmung, trat der Gedanke wieder in den Hintergrund, und unser Wunsch bekam eine völlig neue Bedeutung. Beide sind wir Menschen, die aus dem Bauch heraus entscheiden. Deshalb beschlossen wir, den Wink des Schicksals ernst zu nehmen.

Lange sprachen wir abends über die Konsequenzen unserer Entscheidung. Obwohl wir wußten, daß es anfangs nicht leicht sein würde, hatten wir das Gefühl, es zu schaffen.

Auch diesen neuen Lebensabschnitt leiteten wir mit einem symbolischen Akt ein. Mit lockeren Sprüchen drückten Laurenz und ich die verbliebenen Pillen gemeinsam aus – direkt in eine Blumengießkanne. Zu dieser Zeit kursierte nämlich das Gerücht, Pillenhormone seien gut für bestimmte Zimmerpflanzen. So teuren Dünger haben meine Pflanzen nie wieder bekommen.

Kapitel 7

Wer liebt, gibt niemals jemanden auf,
in jeder Lage vertraut und hofft er für ihn.
1. Korintherbrief 13,7

Das Jahr 1987 begann. Ende Januar zogen wir in unser neues Haus ein, obwohl noch nicht alles fertig war; aber das störte uns keinesfalls. Mit Ruhe und der Reihe nach sollten die restlichen Arbeiten erledigt werden, wenn wir eingezogen waren.

Vor unserem Umzug hatten meine Freundinnen eine großangelegte „Hausputzaktion" vorgenommen, weil ich wegen Timo so wenig Gelegenheit hatte, selbst etwas zu machen. Beim Umzug fanden sich dann auch viele freiwillige Helfer, und alles klappte reibungslos.

Von der ersten Stunde an fühlte ich mich in unserem Haus sehr wohl, und auch der Ort Recke war mir schnell vertraut. Ich hatte das gute Gefühl, hier wirklich zu Hause zu sein.

Timo gewöhnte sich ohne besondere Probleme an seine neue Umgebung. Sein allgemeiner Zustand war allerdings nicht so gut, wie wir es uns ohne Kanüle ausgemalt hatten; je länger er ohne lebte, um so mehr mußten Laurenz und ich einsehen, daß seine Atem- und Eßprobleme nicht weniger wurden.

Es kam immer noch vor, daß er Nahrung falsch herunterschluckte und häufiger wieder Lungenentzündung bekam. Dazu traten neue Schwierigkeiten auf. Timos Unterkiefer war zu klein. Außerdem hatte er einen hohen spitzen

Gaumen, in dem die Zunge sehr hoch ansaß. Beim Schlafen fiel ihm ständig die Zunge nach hinten in den Rachenraum, so daß er keine Luft mehr bekam und wach wurde. Sofort wurde er unruhig, und es dauerte einige Zeit, ehe er wieder Ruhe fand und weiterschlafen konnte.

Sämtliche Schlafpositionen probierten wir mit ihm aus, doch keine brachte den gewünschten Erfolg. Es war die Zeit der schlimmen kurzen Nächte. Manchmal war ich so fertig, daß ich Timo angeschrien habe, er solle gefälligst ruhig sein und schlafen. In solchen Situationen habe ich mich selbst nicht mehr erkannt. Ich hatte noch nicht einmal zu Ende geschimpft, da tat es mir auch schon leid, und ich wäre am liebsten vor Scham im Erdboden versunken.

In dieser Zeit hatte ich wieder einmal die äußerste Grenze meiner Belastbarkeit erreicht. Mittlerweile hatte ich gelernt, auf einige Zeichen meines Körpers zu achten. Bekam ich nachts Schüttelfrost, wußte ich, das war mein absolutes Notsignal. Dann ging es mir wirklich schlecht.

Laurenz hat mir in vielen Nächten Timos Versorgung abgenommen. Wo immer er konnte, hat er geholfen. Ich war mir allerdings darüber im klaren, daß er in der Firma gefordert wurde und nicht übermüdet sein durfte. Nicht nur meine Schwächen, sondern auch meine eigenen Stärken lernte ich in der Zeit kennen. Ich hätte nie geglaubt, daß meine Belastbarkeit so weit reichen würde.

Die Gebete in diesen Nächten waren Hilferufe nach Ruhe und Schlaf. Immer wieder geschah es daraufhin, daß wirklich Nächte der Ruhe folgten. Kurz bevor ich ans Ende meiner Kräfte stieß, schlief Timo auf wunderbare Weise ruhig und friedlich, und ich konnte mich erholen und wieder neue Kraft sammeln.

Nachdem ich dieses einige Male erlebt hatte, fing ich an, mir die Nächte wie das Meer mit vielen Wellen vorzustellen. Schlafmangel war für mich das tiefe Wellental, die Schlaf- und Erholungsphase der obere Wellenkamm.

In ganz schwierigen und kurzen Nächten sagte ich mir immer wieder, daß alles im Leben rauf und runter geht. Bekam ich manchmal nur zwei bis drei Stunden Schlaf, so wußte ich, daß irgendwann aber auch eine Nacht mit ausreichendem Schlaf zu erwarten war. Durch dieses Bewußtsein wurde ich viel gelassener und lernte, Extremsituationen besser zu bewältigen.

Einmal hatte ich wieder die absolute Grenze meiner Kraft erreicht. Unsere Heilpädagogin erkannte, was mit mir los war, und machte mich darauf aufmerksam, daß wir über den Caritas-Verband eine Krankenschwester bitten könnten, Timo morgens ein paar Stunden zu beaufsichtigen. Ich hätte dann in der Zeit die Möglichkeit, etwas Schlaf nachzuholen.

Daraufhin kam eines Morgens eine Familienpflegerin, um sich nach meiner Situation zu erkundigen. Nach dem Gespräch schlug sie vor: „Um Ihnen zu helfen, kann ich jeden Morgen kommen, um Ihren Sohn zu waschen und anzuziehen. Andere Möglichkeiten habe ich leider nicht."

„Waschen und Anziehen kann ich Timo sehr gut allein, da brauche ich keine Hilfe", meinte ich etwas enttäuscht.

„Sehen Sie, wenn Sie mit der Pflege Ihres Kindes überfordert sind – und den Eindruck machen Sie mir momentan – so gibt es doch sicher gute Heimplätze oder ein Bett im Krankenhaus", erwiderte sie mit dem ihr eigenen Organisationstalent.

Wütend über diesen Vorschlag, bat ich sie zu gehen. Als meine Wut verraucht war, ging ich zu Timo, streichelte ihn liebevoll und sagte: „Was haben wir nicht alles angestellt, um dich aus dem Krankenhaus zu holen! Nein, du kommst in kein Heim, und in die Klinik gehst du auch nur, wenn deine Eltern dir nicht mehr helfen können. Wir schaffen es auch so, ganz bestimmt!“

In den Wochen danach hatte sich unser Familienleben wieder normalisiert. Wir hatten es auch ohne fremde Hilfe geschafft. Nun setzten wir uns mit dem Sonnenschein-Kindergarten in Recke-Espel in Verbindung. Timo sollte dorthin gehen, wenn auch anfangs nur stundenweise. Er war mittlerweile zu sehr auf uns fixiert. Nur zu uns hatte er Vertrauen, von jemand anderem ließ er sich selten anfassen. So wichtig sein Vertrauen zu uns auch war, mußten wir nun aufpassen, daß seine Fixierung auf uns nicht zu stark wurde. Wir wünschten uns, daß Timo Erfahrungen durch Kontakte zu anderen Menschen machen konnte. Durch die vielen langen Aufenthalte im Krankenhaus hatte er fast ausschließlich negative Erfahrungen im Umgang mit anderen Menschen gemacht; das sollte sich nun ändern. Es war an der Zeit, daß Timo andere Kinder kennenlernte.

Einige Gespräche im Sonnenschein-Kindergarten über die verschiedenen Therapiemöglichkeiten hatten Laurenz und mich mehr als begeistert. Die Leiterin des Kindergartens versprach uns, sich mit dem Landschaftsverband als Träger des Kindergartens in Verbindung zu setzen, um eine Stelle für eine Kinderkrankenschwester zu beantragen. Mit Timos Pflege wären die Erzieher und Therapeuten völlig überfordert. Die Verhandlungen liefen, und es sah gut für uns aus.

Bevor wir uns jedoch weiter mit dem Gedanken an den Kindergarten auseinandersetzen konnten, hatte Timo noch einen Termin in Hannover. Dort sollte untersucht werden, ob man den Luftröhrenschnitt endgültig schließen könne.

Die letzten Bronchoskopien hatten ergeben, daß sich keine weiteren Granulationen gebildet hatten.

In Hannover wurde Timo untersucht und sein Allgemeinzustand für gut befunden. Er konnte auf die Operation vorbereitet werden. Nun war der langersehnte Tag endlich ganz nah, aber statt Freude kam ein merkwürdiges Gefühl in mir hoch. Am Nachmittag vor der Operation hatten wir noch ein letztes klärendes Gespräch mit dem leitenden Professor. Während des Gesprächs fragte er, wie Timos Nahrungsaufnahme zur Zeit verliefe.

Ich schilderte ihm die Situation und äußerte meine Bedenken, weil Timo sich meiner Meinung nach noch zu oft verschluckte. Auch die Schlafprobleme erwähnte ich.

„Wahrscheinlich ist es besser, mit der Operation noch zu warten", meinte der Professor abwägend. „Am besten, Sie fahren mit Timo noch mal nach Hause und kommen in ungefähr drei Monaten wieder."

Als ob ich es geahnt hätte! Mir fiel ein großer Stein vom Herzen. Erleichtert packten wir unsere Sachen und fuhren nach Hause. Irgendwie spürten sowohl Laurenz als auch ich, daß die gefällte Entscheidung richtig war. Und dann bekamen wir auch die Bestätigung dafür.

Mitte März ging es Timo durch eine erneute Lungenentzündung nicht gut. Nachts waren die Atemprobleme besonders schlimm. Da wir derartige Situationen schon oft genug erlebt hatten, wußten wir, daß es noch einige Zeit dauern würde, ehe es Timo besser ginge.

Mit absoluter Panik registrierte ich eines Nachts, daß Timo Atemstillstand hatte. Auch sein Herzschlag war nicht mehr zu spüren. Mit verdrehten Augen lag er im Bett und sah aus, als sei er tot. Während Laurenz sofort eine Herzmassage machte und Timo Sauerstoff zuführte, rannte ich zum Telefon und wählte mit zitternden Fingern die

Nummer des Notrufs.

Ein Mann meldete sich. Völlig außer Kontrolle rief ich: „Hilfe, Hilfe! Unser Sohn atmet nicht mehr!“

Plötzlich schrie Laurenz aus dem Schlafzimmer: „Er atmet wieder!“

„Er atmet – er atmet wieder!“ rief ich erleichtert ins Telefon und rannte zurück ins Schlafzimmer. Unter äußerster Anspannung gaben wir Timo noch eine Zeit lang Sauerstoff. Als sei überhaupt nichts passiert, lag er danach in seinem Bettchen. Laurenz und ich dagegen waren fix und fertig. Vor lauter Aufregung konnten wir in dieser Nacht nicht mehr schlafen.

Ständig mußte ich mich überzeugen, ob Timo noch lebte, nachdem ich zuvor fest davon überzeugt gewesen war, daß er gestorben war. Es dauerte einige Zeit, bis ich nicht mehr ständig dieses Bild, wie er regungslos mit verdrehten Augen im Bett lag, vor Augen hatte.

Ein paar Tage später kam eine weitere schlimme Nacht. Timo hatte so starke Atemprobleme, daß Laurenz und ich in unserer Angst beschlossen, mit ihm zur Kinderklinik zu fahren. Von einer Minute zur anderen wurde Timos Not so groß, daß er anfing zu hyperventilieren – das heißt, er atmete nur noch hastig ein und kaum noch aus. Dadurch vergast man sich selbst, da der Kohlendioxydgehalt des Blutes ständig steigt. Die verbrauchte Atemluft wird nicht mehr genügend ausgeschieden.

Während der gesamten Fahrt bekam Timo von mir Sauerstoff zugeführt, und obwohl Laurenz sehr schnell fuhr, kam mir es mir wie eine Ewigkeit vor. Ich glaube fest daran, daß wir auf unseren vielen riskanten Fahrten zum Krankenhaus immer einen Schutzengel bei uns hatten.

In der Klinik wurde Timo sofort auf die Intensivstation gebracht, wo eine Blutgasanalyse gemacht wurde. Sie zeigte ein katastrophales Blutbild an. Er hatte sich schon stark vergiftet.

„Wir müssen Ihrem Sohn durch künstliche Beatmung sofort Hilfe verschaffen", erklärte uns der behandelnde Arzt mit Nachdruck und wandte sich an die Schwester, „schnell – eine Kanüle!"

Nervös beobachteten wir, wie die Schwester eine passende heraussuchte und ihm diese übergab.

Laurenz bat den Arzt darum, Timo die Kanüle selbst einsetzen zu dürfen, und mit ein paar geübten Griffen schaffte er es. Sofort holte Timo besser Luft. Gleich danach wurde er an die Beatmungsmaschine angeschlossen.

Lange blickte mich Laurenz an. Ich erriet seine Gedanken. Wieder so eine Situation, in der wir beide ohne Worte erkannten, daß es Timo grundsätzlich mit Kanüle besser gehen würde.

Dann begann die lange Zeit des Wartens, in der wir hofften, daß eine positive Veränderung in Timos Zustand eintrat. Deutlich spürten wir, wie nah der Tod wieder einmal war.

Bei all den Kämpfen, die Timo mit seiner Krankheit ausfocht, hatte ich ihn jedesmal beschworen: „Timo, bleib bei uns – du darfst nicht sterben!" Aber nun war ich an einem Punkt angelangt, wo ich erkannte: „Wenn es so sein soll, Timo – dann geh in Frieden. Wenn du willst, so lassen wir dich in Liebe los."

Ich konnte den Kampf ums nackte Überleben nicht mehr ertragen und war jetzt bereit, den Tod zu akzeptieren.

Timo dagegen war dazu überhaupt nicht bereit, er kämpfte weiter um sein Leben – mit einer Kraft und Stärke, die jeden von uns nur noch überraschte. Sein Kampf lohnte sich, er überlebte auch dieses Mal wieder, und zu unserer Überraschung erholte er sich innerhalb weniger Tage so weit, daß er wieder von der Beatmungsmaschine genommen werden konnte. Wir spürten deutlich, wieviel Erleichterung ihm die Atmung durch die Kanüle gebracht hatte.

Als wir wußten, daß er dann endgültig über den Berg war, sagte ich unendlich erleichtert, aber sehr nachdenklich geworden, zu Laurenz: „Es muß einen Grund haben, warum er immer wieder überlebt."

„Irgendwie habe ich das Gefühl", entgegnete Laurenz, „daß Timo bestimmt ein langes erfülltes Leben führen wird, weil er immer wieder so hart darum kämpfen muß. Auch für sein Leben gibt es einen göttlichen Plan, und niemand vermag, diesen vorauszusehen."

Nach diesem Gespräch kamen Laurenz und ich zu der Überzeugung, daß unser Timo eine ganz besondere und wichtige Lebensaufgabe hat. Damals haben wir erkannt, daß er nicht aufgeben durfte und daß wir noch viele Jahre unseres Lebens zusammen verbringen würden.

Wir holten das Absauggerät von der Krankenkasse wieder, und nach vierzehn Tagen kam Timo aus dem Krankenhaus, dieses Mal mit Kanüle. Zu Hause merkten wir, wieviel einfacher die Atmung, das Schlafen und auch das Essen für ihn war.

Ende März 1987 war klar, daß ich wieder schwanger war. Obwohl wir beide sehr glücklich darüber waren, wußten wir auch, daß unser Leben nun neue Dimensionen annahm.

Unsere Familie und Freunde reagierten wesentlich gedämpfter auf die Nachricht als bei meiner ersten Schwangerschaft. Zwar versuchten alle, Optimismus zu zeigen, aber wir spürten deutlich die Sorge, die dahinter stand.

Auch in dieser Schwangerschaft ging es mir sehr gut.

Ab April 1987 besuchten Timo und ich stundenweise den Kindergarten. Wenn er es schaffte, verbrachten wir ein bis zwei Stunden dort, um ihn an die Atmosphäre und die neuen Menschen um ihn herum zu gewöhnen. Im August sollte er dann offiziell aufgenommen werden. Der Landschaftsverband hatte die Stelle für eine Krankenschwester, die die Pflege übernehmen sollte, genehmigt.

Im Kindergarten gefiel es Timo gut, obwohl er oft sehr ängstlich war. Er mußte sich erst an die Geräuschkulisse gewöhnen. Am schlimmsten fand er weinende oder schreiende Kinder. Wahrscheinlich erinnerte ihn das an seine vielen Krankenhausaufenthalte. Ich war froh, in dieser Eingewöhnungsphase bei ihm zu sein, um ihm die Angst zu nehmen.

Juli 1987 kam noch einmal ein deutlicher Rückschlag für Timo. Erneut war eine Lungenentzündung die Ursache. Sämtliche Geräte wurden wieder einmal gebraucht, um Timos Leben zu erhalten.

Des öfteren ertappte ich mich dabei, als ich verzweifelt dachte: Muß mein erstes Kind nun doch noch sterben, damit das zweite geboren werden kann? Ich konnte einfach nicht glauben, daß uns unsere Gefühle für Timos besondere Lebensaufgabe getäuscht haben sollten. Timo sollte leben – und er wollte es! Mit aller Kraft und Energie, die in ihm steckte, bezwang er auch diese Krankheit.

Die Medikamente hatten mittlerweile ihr Zerstörungswerk in Timos Mund fortgesetzt. In Narkose wurden ihm die restlichen Zähne entfernt. Nun endlich konnte er ohne Zahnschmerzen leben. Da er sowieso nicht kauen konnte, fehlten ihm die Zähne nicht. Seine Nahrung war immer noch püriert, und solange Timo mit Kanüle lebte, würde sie das aller Wahrscheinlichkeit nach auch bleiben, denn es war zu schwierig, grobe Nahrung zu schlucken.

Die vielen starken Medikamente machten uns die größten Sorgen. Wir fragten uns oft, wie ein so kleiner Körper diese Belastungen wohl aushalten konnte.

Mein Vater war es, der uns dann auf einen Heilpraktiker aufmerksam machte. Dieser erkannte Timos ganze Problematik auf Anhieb, ohne daß wir ihm etwas erklären mußten, und erklärte uns, daß er als erstes versuchen wollte, Timos Immunsystem zu stärken. Sein Körper mußte dahin gebracht werden, daß nicht jede Bakterie Verheerendes anrichten konnte. Aber er meinte auch, daß der Erfolg erst über einen längeren Zeitraum sichtbar werden würde.

Voller Erwartung gaben wir Timo die homöopathischen Mittel zusätzlich zu den Medikamenten, die er ständig nehmen mußte, und beobachteten ihn. In den nächsten Wochen konnten wir tatsächlich eine Stabilisierung seines Gesundheitszustandes feststellen.

In der Homöopathie fanden wir neue Hilfe. Wir verbanden die Schulmedizin mit der Naturheilkunde. Ich kniete mich in das Thema hinein und las viele Bücher darüber. Bald war ich von der Kraft der Natur überzeugt, und Timo profitierte davon.

Ich halte es für eine normale Reaktion, daß Eltern versuchen, ihren Kindern auf jegliche Art und Weise Hilfe zu verschaffen. Sich etwas Neuem zu öffnen, erweitert den Gesichtskreis, und aus einer neuen Chance entwickeln sich oft ungeahnte Möglichkeiten.

Im August war es dann endlich soweit. Timos offizielle Kindergartenzeit konnte beginnen.

Am ersten Tag brachte ich Timo persönlich in den Kindergarten. Am zweiten Tag wurde er dann abgeholt. Es war schon ein merkwürdiges Gefühl, Timo in den Bulli zu setzen und mich, wenn auch nur für ein paar Stunden, von ihm zu verabschieden.

Als der Bulli losfuhr, ging ich schnell ins Haus, weil mir die Tränen kamen. Ich war so traurig, weil für Timo nun ein Lebensabschnitt ohne seine Eltern begann. Den ganzen Morgen waren meine Gedanken bei ihm. Ich war besorgt und hoffte, daß es ihm gut ging und er keine Angst hatte. Am meisten hatte ich mit dem Gefühl zu kämpfen, daß jeder mit Timo machen konnte, was er wollte. Er mußte sich alles gefallen lassen, denn er hatte nicht mal die Möglichkeit, seinen Unmut durch Schreien zu äußern.

Natürlich sagte mir mein Verstand, daß Timo im Kindergarten sehr gut behandelt wurde, doch erst nach einigen Tagen hatte ich mich auf die neue Situation eingestellt und vertraute seinen Betreuerinnen völlig.

Timo gefiel es gut im Kindergarten mit seinen neuen Freunden. Wo es möglich war, wurde er gefördert. Seine Belastbarkeit gegenüber Menschen und Geräuschen stieg an.

Schnell hatte ich mich auf die neue Lebenssituation eingestellt und begann, meinen freien Morgen zu genießen. Nun erst, wo mir etwas Verantwortung abgenommen wurde, kam ich zur Ruhe und konnte mir den Morgen ganz nach meinen Bedürfnissen einteilen.

Im Herbst, als Timo wieder einmal eine schlimme Lungenentzündung bekam, bot uns unser Kinderarzt an, zweimal täglich zu uns nach Hause zu kommen und ihm Antibiotika zu spritzen. Damit sollte Timo die Belastung des ständigen Transportes zur Kinderarztpraxis erspart bleiben.

Das brachte Laurenz auf die Idee, den Kinderarzt zu bitten, ob wir Timo nicht in Zukunft selbst eine Spritze geben könnten. Wir wollten ihm die Fahrerei ersparen, denn wir wußten, welchem Streß auch er ausgesetzt war.

Da ich zu ängstlich war, lernte Laurenz, Timo zu spritzen, und machte es hervorragend. Damit hatten wir in Zukunft noch mehr Möglichkeiten, Timo selbst zu helfen.

Meine Schwangerschaft schritt unterdessen voran. Ich fühlte mich sehr wohl und genoß die Zeit.

Sechs Wochen vor dem errechneten Geburtstermin Ende November 1987 konnte Laurenz zu einer Vorsorgeuntersuchung mitkommen. Er hatte frei, und Timo war im Kindergarten.

Zum ersten Mal konnten wir unser Kind gemeinsam per Ultraschall sehen. Aufmerksam folgten wir mit unseren Blicken der Bewegungen auf dem Monitor, als der Arzt auf die verschiedenen Körperteile deutete.

Froh, daß Laurenz bei der Untersuchung dabei war, hörte ich den Ausführungen des Arztes zu. Ich fühlte mich wohl, alles war in Ordnung.

Eine Weile herrschte Ruhe, während der Arzt sehr lange das Herz des Kindes auf dem Monitor betrachtete. Plötzlich bemerkte ich Besorgnis in seinem Blick. War irgend etwas nicht in Ordnung? Mit einem eigenartigen Gefühl beobachtete ich, wie er versuchte, das Herz unseres Kindes noch deutlicher mit einem Zoom auf dem Bildschirm heranzuholen.

Ein paar Minuten schwieg er, immer noch angespannt den Monitor beobachtend. Dann aber versuchte er, uns mit medizinischen Begriffen, etwas klarzumachen.

Ich verstand gar nicht, was er meinte, und sah nur, wie Laurenz plötzlich schneeweiß im Gesicht wurde. Er hatte schon etwas verstanden, was ich noch nicht begreifen konnte: Unser zweites Kind hatte eine Auffälligkeit am Herzen.

Der Arzt legte uns nahe, sofort am nächsten Tag zu einer genaueren Ultraschalluntersuchung ins Herzzentrum nach Bad Oeynhausen fahren.

Wie gelähmt, lag ich auf der Liege und rührte mich nicht. Mein Blick ging von Laurenz zum Arzt. An ihren Gesichtern konnte ich lesen, daß ich richtig gehört hatte – begreifen dagegen konnte ich es immer noch nicht.

Wie eine Marionette ging ich zur Umkleidekabine, anschließend schweigend mit Laurenz zum Auto. Erst im Auto sah ich Laurenz, der offensichtlich um Fassung rang, unverwandt an und sagte mit erstickter Stimme: „Unser Kind wird ein Junge – und meine innere Stimme sagt mir, daß er noch mehr Schwierigkeiten hat, als nur mit dem Herzen."

Als ob dieser Satz meine innere Erstarrung löste, fing ich an zu weinen. Laurenz dagegen war so fertig, daß er gar nicht reagieren konnte.

Schweigend fuhren wir nach Hause. Dort versuchten wir, einander zu beruhigen und uns gegenseitig Hoffnung zu machen.

„Vielleicht ist die Situation ja nicht so schlimm, und wir machen uns nur verrückt!" sagte ich immer wieder zu Laurenz, um ihn aus seiner Hoffnungslosigkeit zu holen.

Es war ein schlimmer Tag, denn es stand mir noch ein Anruf bei meinen Eltern bevor. Wenn wir den Termin am nächsten Tag in Bad Oeynhausen wahrnehmen wollten, mußte jemand bei Timo bleiben und ihn beaufsichtigen.

Mit zitternden Händen nahm ich den Hörer ab und wählte die Nummer meiner Eltern. Meine Mutter meldete sich. Äußerst ruhig und gelassen versuchte ich, ihr die Situation zu schildern. Es tat mir unendlich weh, meinen

Eltern schon wieder Sorgen zu bereiten. Ich wußte doch genau, wie sehr sie in den letzten Jahren mit uns gelitten hatten. Von Anfang an hatten sie Timo geliebt und konnten es nicht ertragen, ihn ständig so leiden zu sehen. Und nun war ich gerade wieder dabei, meiner Mutter mit einer mir fremden Stimme zu erzählen, daß auch ihr nächstes Enkelkind Schwierigkeiten haben würde.

Sie konnte am Telefon nicht viel sagen, ich spürte förmlich, wie sehr sie in ihrer Seele getroffen war. Ich redete und redete, als wolle ich die Aussage des Arztes abschwächen und meiner Mutter dadurch das Gefühl geben, alles wäre nur eine Kleinigkeit. Ich kam gar nicht auf den Gedanken, daß sie mich durch und durch kannte und mich sofort durchschaute.

Am nächsten Tag kam sie, um bei Timo zu bleiben. Sie machte uns sehr viel Mut und versuchte auf ihre herzliche und liebevolle Art, uns Hoffnung zu geben.

Unterwegs nach Bad Oeynhausen waren Laurenz und ich sehr schweigsam. Die Angst vor der neuen, noch gar nicht faßbaren Situation lähmte uns. Diese Ungewißheit war so erdrückend, daß ich manchmal das Gefühl hatte, keine Luft mehr zu bekommen. Während der gesamten Autofahrt ruhten die Hände auf meinem Leib, so als müßte ich das ungeborene Kind schützen.

Es dauerte einige Zeit, bis wir im Herzzentrum die richtige Station gefunden hatten. Vor der Untersuchung stellte uns der Arzt viele Fragen. Dann wurde es ernst. Es folgte eine lange und gründliche Ultraschalluntersuchung. Die Technik in diesem Raum ließ sich mit dem, was wir bislang gesehen hatten, in keiner Weise vergleichen – beeindruckend, aber gleichzeitig auch beängstigend.

Ich verspürte große Angst. Wie immer, war es ein großer Trost für mich, daß Laurenz neben mir saß und meine Hand hielt.

Nach der Untersuchung setzten wir uns mit dem Arzt zusammen. Ausführlich versuchte er, uns die Abnormität am Herzen unseres Kindes zu erklären, und beschrieb sie als ein Loch in der Herzscheidewand.

Wir wollten mehr wissen. Er sollte uns alles genauestens beschreiben. Der Arzt erklärte uns jedoch, daß er im Moment noch keine näheren Angaben machen konnte, weil das Bild auf dem Ultraschall für detaillierte Angaben noch zu undeutlich sei. Er verschrieb mir ein Herzmittel, das dem Baby durch meinen Blutkreislauf vielleicht helfen könnte. Heute denke ich, daß dieses Medikament mehr einen psychologischen Effekt für mich, als einen gesundheitlichen Nutzen für mein Kind hatte.

Völlig verunsichert fuhren wir wieder nach Hause, mit einem neuen Untersuchungstermin für die nächste Woche in der Tasche. Eigentlich wußten wir immer noch nicht viel mehr als vorher.

In den nächsten Wochen der Unsicherheit und Angst pendelten wir zwischen meinem Gynäkologen und der Herzklinik Bad Oeynhausen hin und her. Während ich ständig irgendwelche Untersuchungen über mich ergehen lassen mußte, war auch noch Timo da, der versorgt werden wollte.

Meine Mutter und meine jüngere Schwester Andrea kümmerten sich viel um ihn. Sie lernten immer besser, ihn zu versorgen. Manchmal paßte sogar unsere neue Nachbarin Gabi auf Timo auf. Sie war eines Tages zu mir gekommen und hatte mich gebeten, ihr zu zeigen, wie er versorgt werden mußte.

„Vielleicht braucht ihr ja irgendwann einmal meine Hilfe“, sagte sie schlicht. Als sich dann einige Zeit später wirklich der Herzfehler unseres Kindes herausstellte, waren wir zutiefst dankbar, auf dieses Angebot zurückkommen zu können. In dem Zusammenhang sprach ich mal später mit Laurenz darüber, wie gut Gabi mit Timo zurechtkäme und wie oft sie schon auf ihn aufgepaßt hätte: „Weißt du, Laurenz, mit den Gabis hat es schon etwas besonderes auf sich. Wie sehr haben sie uns alle geholfen! Zuerst unsere alte Nachbarin Gabi, dann unsere neue – und Timos Krankenschwester Gabi vom Kindergarten nicht zu vergessen."

„Ja, es ist schon merkwürdig mit all den Gabis. Aber vergiß bitte nicht dabei, daß ich auch von so einem besonderen Exemplar dieser Gattung umgeben bin", grinste Laurenz mit einem so komischen Gesichtsausdruck, daß ich herzlich lachen mußte.

Die Wochen bis zur Geburt waren voller Verzweiflung, Mutlosigkeit und Tränen. Ich sträubte mich innerlich gegen jeden Entbindungstermin. Obwohl ich wußte, daß es gar nicht möglich war, wollte ich unser Kind in mir behalten, denn nur dort ging es ihm gut. Es war noch nicht einmal geboren, und schon hatten wir so viele Sorgen. Wie sollte es nur nach der Geburt weitergehen? Und wenn es nur einen Funken Hoffnung gab, ich mußte ihn finden!

Plötzlich hörte ich von allen Seiten, wieviele Kinder nicht schon mit einem Herzfehler geboren waren, denen es nach einer entsprechenden Operation wieder gut ging. Ich wälzte Bücher, in denen Herzerkrankungen beschrieben waren, und verschlang Kapitel für Kapitel über angeborene Herzfehler bis hin zu Herztransplantationen.

Auf unsere ständigen Fragen bei den Ärzten im Herzzentrum nach der Art des Herzfehlers unseres Kindes bekamen wir nur ausweichende Antworten. Sie wollten uns wohl die Hoffnung nicht nehmen und meinten, daß viele Kinder nach der Geburt operiert werden könnten und später kaum Schwierigkeiten hatten. Mehr als einmal äußerte ich Laurenz gegenüber ich den Verdacht, daß die Ärzte wesentlich mehr wußten, als sie uns sagten.

Später, als wir bei meinem Gynäkologen die Krankenberichte unseres Kindes lasen, stand dort unter anderem: Den Eltern wurde mitgeteilt, daß in Übereinstimmung mit den bisherigen Befunden wahrscheinlich ein Herzfehler vorliegt.

Über Einzelheiten der Diagnose wurde auch dabei nicht gesprochen. Ich weiß nicht, ob die Wahrheit über die Art der Krankheit für uns nicht leichter zu ertragen gewesen wäre, als die ständige Ungewißheit. Irgendwie lebte ich dauernd in dem Gefühl, daß etwas Schlimmes auf uns zukam, andererseits suchte ich überall nach Hoffnung.

Kapitel 8

Unwichtig
Wolken, Blumen, Stunden des Glücks
zählen zu wollen.
Wolken ziehen weiter, Blumen verblühen
Stunden des Glücks vergehen
wichtig aber sie überhaupt
zu sehen, zu erkennen, zu genießen
sie in Gedanken zu bewahren.

Margot Bickel

Kurz vor dem Entbindungstermin beschlossen die behandelnden Ärzte des Herzzentrums, unser Kind per Kaiserschnitt auf die Welt zu holen. Ich sollte in einem Krankenhaus in der Nähe entbunden werden, damit mein neugeborenes Baby möglichst schnell auf die Intensivstation des Herzzentrums gebracht werden konnte. Es wurde ein Untersuchungstermin mit dem Gynäkologen dieses Krankenhauses abgesprochen.

Bei der ersten Untersuchung wäre ich am liebsten sofort wieder nach Hause gefahren. Die Klinik war äußerst altertümlich, und es herrschte eine erdrückende und beklemmende Atmosphäre. Vielleicht lag es auch an meiner seelischen Verfassung, die gerade in den letzten Wochen stark gelitten hatte.

Lange mußten Laurenz und ich auf dem Flur warten, ehe ich zur Untersuchung an die Reihe kam. Wie immer, ging Laurenz mit ins Untersuchungszimmer.

Sofort reklamierte der zuständige Arzt: „Männer sehen

wir hier nicht so gerne. Bitte, gehen Sie wieder vor die Tür."

Laurenz protestierte: „Ich war immer bei den Untersuchungen meiner Frau dabei."

Die Antwort des Arztes lautete lapidar: „Wie andere Ärzte das handhaben, spielt hier keine Rolle. Bei uns haben Männer bei den Untersuchungen nichts zu suchen!" Sprach's – und machte Laurenz die Tür vor der Nase zu!

Ich war fürchterlich wütend, und nur mit großer Mühe konnte ich mich beherrschen. Das Wissen, bei der Entbindung auf diesen Schnösel angewiesen zu sein, förderte nicht unbedingt mein Vertrauen.

Die Ausmaße meines Leibes wurden detailliert vermessen. Wieder wurden mir viele Fragen gestellt, bis die ständige Fragerei nach allen erdenklichen Lebensbereichen mir nur noch zuwider war. Ich bekam immer mehr das Gefühl, kein Mensch mehr, sondern nur noch ein äußerst interessanter „Fall" zu sein.

Bei der anschließenden Besprechung sagte der Arzt, es brauchte nicht unbedingt ein Kaiserschnitt gemacht zu werden; es gäbe auch noch andere sanftere Geburtsmethoden – welche, ließ er allerdings offen.

Nach einigem Hin und Her konnten Laurenz ich wieder nach Hause fahren. Ab jetzt sollten wir jede Woche zuerst zum Herzzentrum und dann anschließend zur gynäkologischen Untersuchung in dieses Krankenhaus fahren.

Bei all meinen weiteren Besuchen in dieser Klinik konnte ich mich nie an die dort herrschende Atmosphäre gewöhnen. Im Herzzentrum empfand ich sie als sehr harmonisch, hier jedoch bedrückend und furchterregend. Warum das so war, kann ich nicht genau beschreiben; die Sorge um unser ungeborenes Kind konnte es nicht sein, denn die begleitete mich im Herzzentrum ja auch ständig.

Vielleicht lag es daran, daß ich schon immer äußerst sensibel auf Schwingungen reagiert habe.

Der Rest meiner zweiten Schwangerschaft bestand von nun an nur noch aus Angst, Ungewißheit und vielen Tränen. Bis kurz vor der Geburt wußten wir immer noch nicht, wie unser Kind geboren werden sollte – ob durch Kaiserschnitt oder durch eine künstlich eingeleitete Geburt.

Im Herzzentrum waren die Ärzte der Ansicht, daß eine normale Geburt zu anstrengend und somit zu gefährlich für das Kind sei. Der behandelnde Gynäkologe sprach dagegen von einer Öffnung des Muttermundes durch Medikamente. Danach könne man das Baby vorsichtig herausziehen. Ein anderer wiederum sprach doch von Kaiserschnitt.

Neben meinen großen Sorgen um mein ungeborenes Baby machten mir die verschiedenen Meinungen der Ärzte sehr zu schaffen. Langsam wußte ich nicht mehr, was ich wirklich noch glauben sollte. In meiner Verzweiflung ging ich zu meinem Gynäkologen in Mettingen und schilderte ihm die ganze verworrene Situation.

Wütend rief dieser im Herzzentrum an und bat um Klärung. Kurze Zeit später stand dann endgültig fest, daß unser Kind durch einen Kaiserschnitt zur Welt kommen sollte. Damit ich Timo nicht länger als nötig allein lassen mußte, wurde der Termin zur Entbindung auf den 19. November 1987 frühmorgens festgesetzt.

Voller Sorge vor diesem neuen Lebensabschnitt fuhren wir an jenem Donnerstag zur Entbindung in die Klinik. Hier ging alles zu wie am Fließband. Nach den üblichen Geburtsvorbereitungen wurden mir Stützstrümpfe angezogen und mein Bett in den Kreißsaal geschoben – ein grüngekachelter Raum, in dem sämtliche Geräte mit weißen Laken abgedeckt waren. Alles war so beängstigend.

Laurenz wollte zu mir in den Kreißsaal kommen, wurde aber sofort von der Hebamme zurückgepfiffen und mußte sich erst steril anziehen, das heißt: grüner Kittel und Schuhüberzieher. Er bekam strengstes Verbot, irgend etwas anzufassen; nicht mal aufs Bett durfte er sich setzen. Am besten wäre es, erklärte ihm die Hebamme. wenn er sich in den Türrahmen stellen würde.

„Warum?“ fragte Laurenz naiv. „Gibt's gleich ein Erdbeben?“

„Wieso?“ meinte die Hebamme und blickte ihn unsicher an.

„Nun, in Amerika soll man sich bei einem Erdbeben immer in den Türrahmen stellen. Sagen Sie bloß, das haben Sie nicht gewußt!“

„Nein“, bekam er von ihr spitz zur Antwort, „aber hier sind wir nicht in Amerika. Hier ist ein Kreißsaal – und der muß steril gehalten werden.“

„Hier kommt's mir eher vor wie eine Haftanstalt ...“ knurrte Laurenz leise, was ihm ein mattes Grinsen von mir einbrachte.

Nach dieser Bemerkung hatte es der Hebamme wohl schlichtweg die Sprache verschlagen, denn sie gab längere Zeit keinen Ton mehr von sich.

Wir dagegen konnten unsere Betroffenheit über die Situation, in der wir uns befanden, kaum verbergen. Wie sehnte ich mich jetzt nach der liebevollen Atmosphäre des Mettinger Krankenhauses! Timo war in einem warmen gemütlichen Raum geboren worden. Laurenz hatte bei mir auf einem französischen Bett gesessen und mich im Arm gehalten. Ganz intensiv hatten wir Timos Geburt zusammen erlebt. Wie ein ferner Traum kam mir das jetzt vor.

Ab 11.00 Uhr lag ich, fertig für den Kaiserschnitt, aber auch fertig mit den Nerven, in meinem Bett, doch erst um 15.00 Uhr sollte ich abgeholt werden. Die dazwischen liegenden vier Stunden waren ein absoluter Alptraum für uns beide, aus Angst und Sorgen um unser noch nicht geborenes Kind.

In diesen Stunden dachten wir viel an Timo und konnten nur hoffen, daß meine Mutter und meine Schwester Andrea ohne Schwierigkeiten mit ihm fertig werden würden. Helfen konnten wir ihnen jetzt sowieso nicht.

Wir warteten und hatten solche Angst um unser Kind. Ständig dachte ich: Mein kleiner Junge – noch bist du sicher in meinem Bauch. Noch geht es dir gut. Was wird nachher aus dir?

Als ich endlich in den OP geschoben wurde, bekam ich einen Schock. Der Raum war voller grün gekleideter Menschen, die mich, mit einem Gesichtsschutz vermummt, höchst interessiert anschauten.

Nach genauerem Hinsehen erkannte ich die Ärzte aus dem Herzzentrum, den Gynäkologen und die Hebamme des Krankenhauses, aber die meisten kannte ich nicht.

Da lag ich nun – nackt und wie Espenlaub zitternd – vor dieser grünen Menge anonymer Menschen! Noch nie in meinem Leben kam ich mir so ausgeliefert vor.

Innerlich betete ich inbrünstig: „Bitte, lieber Gott, hilf dem Baby und auch mir, alles gut durchzustehen! Laß in unserem Leben wieder alles gut werden!“

Meine Angst und die Anspannung waren letztlich so groß, daß ich immer mehr zitterte und überhaupt nicht damit aufhören konnte.

„Frau Berens, bitte beruhigen Sie sich! Alles wird gut!“ redeten einige dieser grünen Gestalten unter ihrem Mundschutz auf mich ein.

Ich dachte nur: Ihr habt alle gut reden. Ihr braucht hier ja nicht zu liegen.

Jetzt wurde ich festgeschnallt und meine Beine in feuchte kalte Tücher gepackt. Dann legte man mir einen Katheter. Ein Arzt erklärte mir, daß dieses leider noch bei Bewußtsein gemacht werden müsse und ich erst unmittelbar vor dem Bauchschnitt eine Narkose erhielte, damit das Kind so wenig wie möglich von dem Narkosegas spüre.

Mein Bauch wurde desinfiziert. Ich dachte nur noch: Wenn jetzt nicht bald die Narkose kommt, machen meine Nerven das nicht länger mit. Bis aufs äußerste war ich angespannt.

Der Anästhesist schien dies zu spüren, denn er kam zu mir, nahm meinen Kopf in seine warmen Hände und streichelte mir die Wangen. „Seien Sie ganz ruhig, Frau Berens“, sagte er beruhigend, „Sie haben es gleich überstanden.“ Irgendwann kam dann endlich das Narkosegas.

Während ich im OP war, wartete Laurenz auf dem Flur. Kurze Zeit später wurde die Tür geöffnet, und die Ärzte aus dem Herzzentrum fuhren mit seinem Kind im Inkubator an ihm vorbei. Er erfuhr von ihnen, daß er einen Sohn bekommen hatte, konnte jedoch nur einen kurzen Blick darauf werfen, dann war er auch schon weg.

Der Oberarzt aus dem Herzzentrum sagte zu Laurenz: „Sie können in ungefähr einer Stunde nachkommen, dann haben wir schon einige Untersuchungen gemacht. Ich glaube, wir können Ihnen dann vielleicht schon etwas sagen.“

Meine bewußte Erinnerung setzt erst wieder ein, als ich auf mein Bett getragen wurde. Wie im Nebel hörte ich, daß die Hebamme mir gratulierte.

Unser Julian, dachte ich wehmütig, während die Hebamme mich vom OP in den Kreißsaal brachte, in dem ich einige Stunden zur Beobachtung bleiben sollte.

Laurenz kam etwas später zu mir. Er war schon bei Julian im Herzzentrum gewesen und brachte mir ein Bild mit, das er mit einer geliehenen Sofortbildkamera gemacht hatte.

Tränen traten mir in die Augen, als ich zum erstenmal unseren zweiten Sohn Julian sah. Das Gefühl, sein eigenes Kind, das man während der gesamten Schwangerschaft ganz nah bei sich trug, zum ersten Mal auf einem Foto zu sehen, anstatt es zu berühren und zu liebkosen, machte mich völlig fertig. Immer wieder trieb es mir die Tränen in die Augen.

Nach einer Weile beruhigte ich mich und stellte Laurenz mit zitternder Stimme die bange Frage: „Wie geht's dem Kleinen?"

Schon in seinem Gesicht konnte ich lesen, daß die Situation sehr ernst war.

Laurenz sagte leise: „Gabi, du hast es bereits geahnt: Julians Herzfehler ist gravierend, sein kleines Herz ist in vielen Teilen nicht richtig ausgebildet."

„Und weiter?" fragte ich schwach.

„Hinzu kommt sein nicht ausgereiftes Gehirn. – Gabi", Laurenz stockte etwas, bevor er weitersprach, „unser zweiter Sohn ist auch behindert."

Er nahm meine Hände und ließ sie nicht wieder los. Merkwürdig, dachte ich, ich bin weder betroffen noch entsetzt. Doch ich wunderte mich nur wenig über meine Gelassenheit, als Laurenz mit mir sprach. Denn eigentlich bekam ich nur das bestätigt, was mein Gefühl mir schon Wochen vorher vermittelt hatte.

In den nächsten Stunden sprachen wir immer wieder über Julian und wie wir mit dieser neuen Lebenssituation fertig werden sollten. Es würde nicht leicht sein für uns, das wußten wir, aber trotz unserer gegenwärtigen Traurigkeit hatten wir beide viel Vertrauen zu unserem Leben.

„Wir schaffen auch das, Gabi“, meinte Laurenz abschließend.

„Ja“, flüsterte ich, noch völlig benommen von den vielen Eindrücken der letzten Stunden, „auch dieses Kind bekommt all unsere Liebe.“

Wie gern hätte ich jetzt Julian auf dem Arm gehabt! Und wie sehr fehlte mir Timo!

Um mich ein wenig von meinen aufgewühlten Gedanken abzulenken, erzählte mir Laurenz, daß meine Mutter und Andrea es gut geschafft hätten, auf Timo aufzupassen.

„Weißt du“, fuhr Laurenz nachdenklich fort, „etwas ganz Eigenartiges ist geschehen. In den selben Minuten deiner unsäglichen Angst kurz vor der Geburt, hat Timo sich wie wild gebärdet. Weder Andrea noch deine Mutter konnten ihn beruhigen. Ich glaube, Timo hat mit dir gelitten. Er hat deine Panik gespürt.“

Meine Mutter und meine Schwester waren sprachlos, als sie erfuhren, daß Timo genau in der Zeit völlig durchdrehte, als ich im OP war. Uns zeigte dieser Vorfall wieder einmal, wie tief Timo empfinden kann, wie sensitiv er ist, aber auch, welcher Gefühlsaustausch zwischen uns stattfindet. Es war ihm gelungen, seine Angst um mich auch ohne Stimme auszudrücken.

Meine Zeit im Krankenhaus zog sich lange und zäh dahin. Ich hatte mir vorgenommen, so schnell wie möglich wieder fit zu werden, um Julian möglichst bald besuchen zu können. Der Wunsch, mein Kind endlich zu sehen, machte mich ganz verrückt. Ich hätte nie gedacht, daß die allgemeine Bewegungsfreiheit durch einen Bauchschnitt derart eingeschränkt wird.

Meine Bettnachbarin bekam alle vier Stunden ihren kleinen Sohn zum Füttern. Diese Zeit war besonders schwer für mich. Während sie sich mit ihrem Kind beschäftigte, kämpfte ich mit den Tränen. Meine Nerven vibrierten. Hätte ich bloß jetzt Julian bei mir haben können ...

Laurenz hatte in diesen Tagen viel Streß. Er pendelte zwischen Herzzentrum und Entbindungsklinik hin und her. Außerdem mußte er sich zu Hause Tag und Nacht um Timo kümmern. Wie gut, daß es ein Telefon gab! Ich hatte Julian noch nie gesehen, doch Laurenz hielt mich über alles auf dem Laufenden. Julians Zustand war gleichbleibend schlecht, er wurde künstlich beatmet und ernährt. Selbst Tee konnte er nicht gut vertragen.

Das Wochenende verging. Montag morgens kam Laurenz zur Klinik um mich abzuholen. Bei meiner letzten gynäkologischen Untersuchung vor der Entbindung hatten wir den Arzt gefragt, ob ich nicht ein paar Tage nach der Operation im Mettinger Krankenhaus weiterbehandelt werden könnte. Mein Mann könnte mich dann schnell einmal zwischendurch besuchen und hätte mehr Zeit für Timo.

„Kein Problem“, hatte der Arzt in lockerem Ton zu Laurenz gesagt, „wenn Ihre Frau transportfähig ist, können Sie sie mitnehmen.“ Im Scherz hatte er noch gemeint, ob er uns für den Transport seinen Kombi leihen sollte.

Wir hatten die Verlegung natürlich ernst gemeint. Als Laurenz mich nun abholen wollte, fragte der gleiche Arzt, ob Laurenz eigentlich noch bei Verstand sei, davon sei nie die Rede gewesen.

Doch er hatte Laurenz Beharrlichkeit völlig unterschätzt. Mit Bestimmtheit machte er dem Arzt jetzt klar, er verließe das Krankenhaus nicht ohne mich.

So harrten wir der Dinge, die da kommen sollten. Erst als Laurenz sehr wütend wurde und nach Stunden des Wartens die sofortige Herausgabe meines Mutterpasses verlangte, war man bereit, uns die Papiere auszuhändigen. Laurenz penetrante Hartnäckigkeit hatte Erfolg gezeigt.

Am frühen Nachmittag verließ ich mit Laurenz auf eigene Gefahr die Klinik. Meine Verlegung war bereits mit dem Mettinger Krankenhaus vereinbart. Als ich mich dort wieder in einem Zimmer in liebevoller Umgebung wußte, fing ich jämmerlich an zu weinen. Es war, als ob sich meine inneren Schleusen geöffnet hätten.

Eine Schwester nahm mich liebevoll in die Arme, drückte mich an sich und sagte: „Frau Berens, wir werden Sie hier richtig gesundpflegen. Das verspreche ich Ihnen!“

In den folgenden Tagen erholte ich mich von all dem, was hinter mir lag und schöpfte neue Kraft für das, was noch vor mir lag. Die liebevolle Zuwendung der Schwestern, Ärzte und meiner vielen Besucher verhinderten, daß ich zu sehr ins Grübeln kam. Manchmal kam es mir vor, als ob sich alle untereinander abgesprochen hätten, denn es gab kaum eine Zeit, in der ich allein war.

Eines Morgens sah ich das Auto von unseren Freunden Rita und Rainer längere Zeit vor dem Krankenhaus in Mettingen parken. Wir beide waren gleichzeitig schwanger geworden. Während Julian schon geboren war, wartete Rita noch auf ihr Kind. Es gab jetzt nur zwei Möglichkeiten: Entweder wollte sie mich besuchen, oder sie bekam selbst ihr Baby. Das wollte ich schnell in Erfahrung bringen.

Im Flur begegnete mir eine Hebamme, die mir Ritas

Zimmernummer nannte. Als ich das Zimmer betrat, sah ich Rita mit ihrem soeben geborenen Baby im Bett sitzen. Freudestrahlend umarmte ich meine Freundin und wünschte ihr von Herzen alles Glück der Welt. Dann betrachtete ich ihr Baby. Mit Gewalt mußte ich meine Tränen zurückhalten. Ich versuchte, mir nichts anmerken zu lassen. Rita sollte ihr Glück genießen, aber ich spürte die Gedanken meiner Freundin, die offensichtlich unter einem Schuldgefühl mir gegenüber zu leiden schien. Hatte sie doch gerade ihr viertes gesundes Kind im Arm, während es meinem zweiten kranken Kind sehr schlecht ging.

Sogleich erkundigte sie sich liebevoll nach Julian. Ich sagte ihr traurig, daß die Ärzte alles in ihrer Macht stehende täten, aber die Entscheidung über Leben oder Sterben trüge Julian allein in sich. Später erzählte Rita mir, daß sie bei meinen Worten eine Gänsehaut bekommen habe. Mir war es in der Situation jedoch gar nicht bewußt, wie meine Aussage auf Rita wirken mußte. Heute denke ich, daß ich mich zu jener der Zeit in einer absoluten Ausnahmesituation befand.

Nach einer Woche Krankenhausaufenthalt in Mettingen bat ich um meine Entlassung. Ich konnte es einfach nicht mehr aushalten und mußte unbedingt nach Bad Oeynhausen, um Julian zu sehen. Mein Gynäkologe hatte in diesem Fall nichts gegen meine Entlassung.

Sofort fuhren Laurenz und ich dann zum Herzzentrum. Die Rituale vor der Intensivstation waren uns noch von Timos Krankenhausaufenthalten her vertraut.

Auf der Station steuerte ich geradewegs auf mein Kind zu. Ich hatte Julian schon von weitem erkannt. Nun stand ich vor seinem Bett und konnte ihn das erstemal richtig sehen und berühren.

Er war so winzig und sah unserem Timo sehr ähnlich. Ich streichelte ihn ganz sanft, während mir die Tränen übers Gesicht liefen. Die Technik, die Julian umgab, war noch weiter ausgereift als vor ein paar Jahren bei Timo.

Wir sprachen mit dem Arzt. Julian ginge es schlecht, sagte er ohne Umschweife. Sein Körper lagerte Wasser ein. Damit sein Herzfehler genauer beurteilt und analysiert werden konnte, wollten die Ärzte eine Herzkatheteruntersuchung machen und baten deshalb um unsere Einwilligung.

Obwohl es an der Zeit war, nach Hause zu fahren, wurde mein Herz immer schwerer. Ich konnte mich einfach nicht dazu durchringen, Julian zu verlassen, nachdem ich ihn gerade erst kennengelernt hatte. Schon während der Schwangerschaft hatte ich mein Baby geliebt, aber das Gefühl war um vieles intensiver geworden, nachdem ich ihn nun gesehen und berührt hatte. Ich erinnerte mich daran, wie ich in der Schwangerschaft manchmal zweifelte, ob ich je ein Kind so intensiv lieben könnte wie Timo. Julian zeigte mir, daß meine Zweifel unbegründet waren.

Zu Hause nahm ich mir nun viel Zeit für Timo. Obwohl ich mich freute, daß es ihm gut ging und ich nun wieder bei ihm sein konnte, waren meine Gedanken ständig bei Julian. Die Vorstellung, daß der Kleine nun allein in seinem Bettchen in der Klinik lag und vielleicht um sein Leben kämpfte, ließ mich nicht zur Ruhe kommen.

Am elften Tag nach der Geburt wurde bei Julian eine Herzkatheteruntersuchung gemacht. Zum Glück überstand er alles recht gut. An diesem Tag konnten wir nicht zu ihm fahren, weil wir niemanden fanden, der auf Timo aufpassen konnte, allerdings hielten wir ständigen Kontakt zum Herzzentrum.

Abends klingelte es bei uns an der Tür. Konny, der sympathische Kaplan, der mit uns in Taizé war, besuchte uns. Er hatte von Julian gehört und wollte gerne mit uns über ihn sprechen. Wie gut tat uns gerade jetzt seine Anwesenheit.

Als ich Konny und Laurenz so ins Gespräch vertieft nebeneinander auf dem Sofa sitzen sah, schweiften meine Gedanken zurück zu der unbeschwerten Zeit. Wieviel Spaß hatten wir zusammen gehabt! Wie oft hatten wir zusammen gelacht! Unwillkürlich kam mir wieder eine lustige Szene mit den beiden ins Bewußtsein.

Auf unserer Rückfahrt von Taizé hatten wir Pause in Trier gemacht. Wir tummelten uns auf dem Marktplatz, froh, nach der langen Busfahrt etwas Bewegung zu haben. Konny mußte Laurenz wohl mit irgend etwas aufgezogen haben, denn Laurenz rief plötzlich: „Na warte – du kleiner Gottesmann! Mit dir werde ich ja wohl noch fertig.“ Und unter lautem Gejohle und Anfeuerungsrufen warf er ihn über die Schulter und marschierte zum Stadtbrunnen. „Ich werde dich schon abkühlen!“

Laurenz mit seinen fast zwei Metern war dem ihm gerade bis zur Brust reichenden Konny natürlich körperlich weit überlegen. Er hielt den verzweifelt Strampelnden unterm Arm fest und tat so, als ob er ihn ins eiskalte Wasser werfen wollte. Aber dann gab er ihn gnädig frei. Es war ein herrliches Bild, die beiden erwachsenen Männer so herumalbern zu sehen.

Wo sind diese unbeschwerten Zeiten nur geblieben? fragte ich mich wehmütig. Wieviel Traurigkeit enthielt dagegen dieses Gespräch?

„Ich möchte so gern etwas für euch tun“, sagte Konny. „Was haltet ihr davon, wenn ich Julian taufe?“

Wir waren von seinem Vorschlag sehr angetan, denn schon im Herzzentrum hatten wir uns nach dem Krankenhauspfarrer erkundigt, um ihn nach der Taufe zu fragen.

Konny schlug uns Freitag, den 4. Dezember 1987 als Tauftermin vor. Wir waren glücklich, daß unser Julian gerade von ihm getauft werden würde.

Am nächsten Morgen – Timo war im Kindergarten – fuhren wir nach Bad Oeynhausen zu Julian. Zuerst schlief er, versuchte aber nach einiger Zeit die Augen zu öffnen. Es war schwer für ihn, und immer wieder fielen sie ihm vor Anstrengung zu. Leise sprachen wir zu ihm und streichelten ihn.

Zwischendurch weinte er und war unruhig, wenn er aus dem Tubus abgesaugt werden mußte. Sein gequältes Gesichtchen erinnerte uns ganz stark an Timo.

Nach einiger Zeit kam der Oberarzt zu uns. Wir fragten ihn nach dem Ergebnis der Herzkatheteruntersuchung.

„Ich wollte Sie gerade um ein Gespräch bitten“, sagte er und bat uns in das Büro des leitenden Professors.

Mit bangen Herzen folgten wir ihm und wurden bereits vom Professor und vom Oberarzt erwartet. Wir nahmen Platz, und der Professor begann in aller Ausführlichkeit, Julians Herzfehler zu erklären. Er zeichnete ein Herz auf und machte uns anhand dieser Zeichnung klar, wo bei Julian die Schwierigkeiten lagen. Nun erst, anhand dieser Skizze, konnten wir erschreckend deutlich erkennen, daß Julians Herz in vielen Teilen noch nicht ausgebildet war.

„Wenn sich sein Zustand etwas bessern würde, könnten wir eine Notoperation vornehmen, um ihm sein Leiden zu erleichtern“, meinte der Professor nachdenklich. „Zur Zeit wäre eine Operation jedoch nicht ratsam, weil Ihr Sohn sie wahrscheinlich nicht überleben würde.“

Nachdem wir mit äußerster Anspannung dem Gespräch gefolgt waren, sprach der Professor Julians Gehirnkrämpfe an, die er seit einigen Tagen bekam. Er sei schon einige Male in letzter Minute ins Leben zurückgeholt worden.

Nein – nicht schon wieder! Es war, als ob eine eisige Hand nach meinem Herzen griff.

Dann teilte uns der Professor noch mit, daß es nach Meinung der Ärzte im Herzzentrum für Julian keine Operation oder sonst eine Therapie gäbe, die seine Lebensqualität grundlegend verbesserte.

Laurenz und ich schwiegen betroffen. Dann erklärten wir den beiden Ärzten, daß es uns wichtig wäre, aufgrund des uns dargestellten Krankheitsbildes nur solche Therapien zuzulassen, die Julian wirklich helfen würden. Während des Gesprächs hatten wir einsehen müssen, daß ihm nur geringe Überlebenschancen blieben. Aber eines war uns wichtig: Wenn er wirklich sterben mußte, so sollte er nicht immer wieder mit Gewalt ins Leben zurückgeholt werden.

Nach unserem Gespräch gingen wir wieder zu Julian. Er schlief. Hilflos standen wir vor seinem Bett. Es fiel uns schwer zu glauben, daß er so krank sein sollte. Äußerlich konnten wir ihm ja nichts ansehen, wäre da nicht der Beatmungsschlauch in seiner Nase gewesen.

Auf der Fahrt nach Hause war ich so fertig, daß ich ununterbrochen weinte. In solchen Momenten konnte ich mich immer nur über Laurenz Kraft wundern. Auch wenn eine Nachricht noch so schlimm war, hatte er es bisher trotzdem immer geschafft, die Ruhe zu bewahren.

Wenn Timo mittags vom Kindergarten nach Hause kam, ließ ich alles stehen und liegen und kümmerte ich mich nur noch um ihn, um mich von Julian abzulenken. Timos Liebe hat uns in jenen schweren Tagen viel Trost und Kraft gegeben.

Am Tag der Taufe fuhren wir mit Konny, meiner

Schwester Maria und Laurenz Bruder Felix nach Bad Oeynhausen. Währenddessen versorgte meine Mutter ihre Enkel Timo und Marcel und brachte es sogar fertig, noch zusätzlich ein wunderbares Taufessen zu kochen.

Im Herzzentrum bereiteten wir uns für die Intensivstation vor. Auch wenn es für uns bereits Routine war, hatten Maria, Konny und Felix ihre Schwierigkeiten. Selbst Konny, der es geschafft hatte, im Auto eine einigermaßen fröhliche Stimmung zu verbreiten, merkte man an, wie sehr ihn die Atmosphäre der Intensivstation bedrückte.

Dann gingen wir zu Julian. Ich spürte, wie schwer es für alle war, mit seinem Anblick und der ganzen Technik fertig zu werden. Wir streichelten ihn und sprachen ihm liebe Worte zu.

Konny bereitete sich vor und fing mit der Taufe an. Während der ganzen Zeremonie hielten Laurenz und ich uns an der Hand, und jeder hielt eine Hand von Julian.

Als Taufwasser nahm Konny etwas steriles Wasser. Er fand wunderbare Worte. Uns allen liefen die Tränen die Wangen herunter. Als ich meine Schwester dabei kurz ansah, wußte ich plötzlich, daß sie mit ihrem zweiten Kind schwanger war, obwohl sie es mir noch nicht gesagt hatte. Wieder dieses intuitive Wissen ...

Für Maria war der Aufenthalt auf der Intensivstation ein Schockerlebnis. Wochenlang hatte sie anschließend Träume von Julian. Sie konnte sich nur mit Schwierigkeiten vorstellen, daß er wirklich so krank sein sollte.

Auf der Rückfahrt waren alle ernster und nachdenklicher als vorher. Zu Hause hatte meine Mutter den Tisch schon feierlich gedeckt. Vor dem Essen zündeten wir Julians Taufkerze an und beteten für ihn, daß Gottes – und nicht unser Wille an ihm geschehe.

Kapitel 9

Glücklich, wer sich die Hand
von den Augen reißt und das Wagnis eingeht,
allein vom Vertrauen des Glaubens getragen,
seinen Weg zu gehen.

Frère Roger

So oft es uns möglich war, fuhren wir zu Julian. Wir hofften immer noch auf ein Wunder für ihn.

Mitte Dezember hatte sich Julians Zustand etwas stabilisiert. Jetzt sprach uns der Stationsarzt auf eine Herzoperation an. Die Ärzte machten uns wieder Hoffnung und wollten nur noch einen günstigen Zeitpunkt für die Operation abwarten. Vielleicht würde das erhoffte Wunder geschehen. Wir gaben unsere Unterschrift. Um sich noch im Detail Klarheit über Julians Krankheitsbild zu verschaffen, baten uns die Ärzte, Timo mit zur Klinik zu bringen.

Zwei Tage später war unser Timo mit uns auf dem Weg zu seinem Bruder. Er wurde von den Ärzten sehr lieb und rücksichtsvoll behandelt. Sofort bei ihrer Bitte hatten wir darüber gesprochen, welche Ängste Timo in einem Krankenhaus entwickelte.

Die Ärzte waren über die frappierende Ähnlichkeit zwischen Julian und Timo erstaunt: die gleichen Bewegungen – die gleiche Mimik. Timo und Julian hätten Zwillinge sein können, wäre da nicht der Altersunterschied von mehr als drei Jahren gewesen.

Eine Krankenschwester erbot sich, auf Timo aufzupassen. So konnten wir zu Julian auf die Station gehen, wo uns der Stationsarzt bereits erwartete.

„Von einer Minute zur anderen hat sich der Zustand Ihres Sohnes akut verschlechtert“, meinte der Stationsarzt, „an eine Operation ist nicht mehr zu denken.“

Mit vorsichtigen Worten machte uns der Arzt dann klar, daß Julian nicht mehr lange leben werde. Man war sich jetzt endgültig sicher, daß es keine Chance mehr für ihn gab. Sein Körper würde die Belastungen der Krankheit nur noch kurze Zeit aushalten können.

„Wie lange noch?“ fragte ich mit tränenerstickter Stimme.

„Das kann niemand sagen“, antwortete der Arzt. „Vielleicht noch einen Tag – eine Woche, möglicherweise sogar noch einen Monat.“

„Hat er Schmerzen?“ fragte Laurenz mit Tränen in den Augen.

„Er bekommt ab heute Schmerzmittel, die er vorher wegen seines Herzens nicht bekommen durfte,“ sagte der Arzt. „Er soll in seiner letzten Lebenszeit schmerzfrei sein.“

Nachdem er gegangen war, standen Laurenz und ich ergriffen an Julians Bett und weinten. Sagen konnten wir nichts. Wir sahen unser Kind wie es im Bett lag und schlief. Wir spürten sein warmes weiches Händchen und konnten uns gar nicht vorstellen, daß dies vielleicht der letzte Augenblick sein könnte, in dem wir seine Wärme spürten. Nur Menschen, die solche Situationen durchgemacht haben, werden begreifen, welchen Schmerz man in solch einem Augenblick durchmacht.

In den nächsten Tagen wurde die Anspannung unerträglich. Waren wir bei Julian, so beschwor ich ihn immer wieder: „Julian, du mußt es schaffen!“ Zu Hause dagegen, wenn meine Gedanken ruhiger wurden, dachte ich, daß es vielleicht zu egoistisch von uns sei, wenn wir ihn so festhielten. Bestimmt ginge es ihm besser, wenn er diesen kranken Körper verlassen könnte.

Julian war genau auf den Tag einen Monat alt, als wir ihn zum letzten Mal sahen. Die ganze Zeit über, während wir an seinem Bettchen saßen, schlief er. Doch gerade, als wir gehen wollten, öffnete er die Augen. Es schien uns, als habe er einen ganz anderen Gesichtsausdruck – als ob seine Augen strahlten. In den letzten Wochen war sein Blick oft unruhig gewesen. Nun blickte er uns ganz klar an.

„Schau nur", sagte ich ergriffen zu Laurenz, „Julian weiß, daß er bald gehen darf."

Auch Laurenz war tief berührt von Julians Gesichtsausdruck. Er holte einen Fotoapparat und machte Fotos, die uns immer an diese Situation erinnern sollten.

An dem Tag wußte auch ich, daß Julian nicht mehr lange leben würde. Stundenlang weinte ich, bis ich etwas ruhiger wurde. Abends ging ich zum Wäscheschrank und suchte die Kleidung aus, die Julian später im Sarg tragen sollte. Zu dieser Kleidung gehörte auch der kleine weinrote Nicky-Strampler mit dem weißen aufgesticktem Häschen, der vor Timos Geburt soviel Begeisterung bei uns ausgelöst hatte.

Es war Montag, der 21.12.87. Wir lagen noch im Bett. Um sieben Uhr, als wir gerade aufstehen wollten, klingelte das Telefon. Ein Arzt aus dem Herzzentrum rief an und teilte uns mit, daß Julian vor einer halben Stunde an einem schweren Krampf gestorben war.

Laurenz, der das Telefonat angenommen hatte, kam zu mir ins Schlafzimmer. Er lag in meinen Armen und weinte. Jetzt war die Situation gekommen, die wir jahrelang bei Timo befürchtet hatten.

Ich konnte nicht mehr weinen. Mir war, als wäre in dem Moment, als Julians Tod endgültig war, etwas in mir abgestorben. Meine Freundin Marion hatte diese Phase einmal sehr treffend als Lebensstillstand beschrieben. Sie sagte damals: „Man hat das Gefühl, alles Leben auf der Erde hält an, nichts bewegt sich mehr. Aber wenn man sich umsieht, merkt man, daß trotzdem alles genau wie vorher weiterläuft, nichts hat sich an der Welt geändert. Es ist nur das eigene schmerzhafte Empfinden, das einem das Gefühl des Stillstandes vermittelt."

Nachdem wir unsere Familien von Julians Tod benachrichtigt hatten, fuhr Laurenz zu einem Beerdigungsinstitut, um die Formalitäten zu besprechen und die Kleidung, die Julian im Sarg tragen sollte, hinzubringen.

Nachbarn kamen vorbei, um uns zu trösten, und Gabi sprach ein leises Gebet für Julian. Gerade in diesen schlimmen Tagen haben Laurenz und ich wieder einmal erfahren dürfen, mit wievielen lieben Menschen wir zusammen in einer Straße wohnen.

Julian sollte einen Tag vor Heiligabend beerdigt werden. Am späten Vormittag kam Konny vorbei. Obwohl er mit unserer Gemeinde nichts zu tun hatte, baten wir ihn, Julian zu beerdigen. Er wollte es mit dem Pastor unserer Gemeinde abklären. Gegen Abend sagte er uns dann Bescheid, daß er Julian nach der Morgenmesse auf dem Friedhof beisetzen würde.

Abends fuhren wir mit unseren Freunden zur Leichenhalle. Laurenz und ich hatten ausgemacht, daß der Sarg geschlossen bleiben sollte. Wir hatten Julian nur lebend gesehen, wir wollten ihn so in unserer Erinnerung behalten. Sein eigenes Selbst befand sich nicht mehr in diesem kleinen Körper, der nur noch Hülle war.

Am Beerdigungstag gingen wir zuerst gemeinsam in

die Frühmesse, anschließend zum Friedhof, wo eine riesige Menschenmenge auf uns wartete. Wir hatten keine Karten zur Beerdigung verschickt, aber alle waren gekommen, um bei uns zu sein: Verwandte, Freunde, Nachbarn und Arbeitskollegen.

Nun sprach Konny liebevolle Worte am offenen Grab. Die Grabstelle glich einem riesigen Blumenmeer. Ich stand wie versteinert neben Laurenz und starrte auf den kleinen weißen Sarg. Alle weinten um Julian, nur seine eigene Mutter nicht. Ich konnte es nicht. Daß der Sarg in der Erde versenkt war, empfand ich irgendwie als beruhigend. Ich hatte das Gefühl, Julians Körper war nun in die Natur zurückgekehrt. Sein Häschen lag mit im Sarg und gab Laurenz und mir das Gefühl, daß Julians Körper nicht allein in dieser Kiste lag, sondern auch noch etwas Persönliches von ihm dabei war.

Nach Julians Beerdigung wurde ich innerlich etwas ruhiger. Ich begriff langsam, daß alle Aufregungen vorbei waren, und fing mit der Verarbeitung der Geschehnisse an.

In einer Buchhandlung holte ich mir ein Buch, das sich ganz intensiv mit dem Tod und dem Sterben auseinandersetzte. Es hat mir sehr geholfen, Antworten auf einige meiner Fragen über den Tod zu bekommen. Im Laufe der Wochen und Monate wurden es viele Bücher, die ich zu diesem Thema las.

Laurenz verarbeitete seine Trauer um Julian auf eine andere Art. Er konnte diese Bücher anfangs nicht lesen und hatte vielleicht auch daher erheblich mehr Schwierigkeiten, mit Julians Tod fertig zu werden als ich. Jahrelang ging er täglich zum Friedhof und war unglücklich über jeden Tag, an dem er es nicht schaffte.

Ich hingegen hatte nie ein großes Bedürfnis, zum Friedhof zu gehen, weil ich wußte, dort liegt nur die Hülle meines

Sohnes begraben. Durch das Lesen der Bücher wollte ich einen Sinn für Julians Leben und Sterben finden. Es mußte doch irgend einen Grund gehabt haben, für so kurze Zeit in einem kranken Körper zu leben. Ich zermarterte mir regelrecht das Hirn, um zu einer Antwort zu gelangen. Heute ist mir klar, daß ich in jener Zeit viel zu verkrampft war. Erst später fand ich die Antwort auf meine Fragen, aber dazu mußte ich erst einmal wieder zu mir selbst finden.

Nach und nach löste sich die Erstarrung, und ich konnte endlich weinen. Dadurch ging es mir besser, und ich bekam das Gefühl, langsam wieder ich selbst zu sein. Vorher war ich wie eine Marionette gewesen und hatte meine Aufgaben ganz mechanisch erledigt.

Immer wieder tauchten die vielen Gedanken und Träume auf, wie Julian als gesundes Kind gewesen wäre. Ich fragte mich, wie er wohl ausgesehen hätte. Wie wäre seine Entwicklung verlaufen? Das Gefühl, Julian nur als Baby erlebt zu haben, schmerzte sehr. Am allermeisten litt ich darunter, daß ich meinen Sohn nie in die Arme nehmen konnte. Sein Zustand hatte das einfach nicht zugelassen.

In der ersten Zeit nach Julians Tod, in der jede Erinnerung einen Tränenstrom auslöste, versuchte ich sehr oft, ihn mir vorzustellen. Es gelang mir nicht. Ich hatte ein schwarzes Bild vor meinen Augen. Auch Julians Fotos ließen sich anfangs nicht einprägen. Ich vermute, daß ich mir selbst einen Schutz geschaffen hatte, damit ich innerlich ruhiger werden konnte, denn später konnte ich Julians Bild jederzeit in mein Gedächtnis holen. Mittlerweile hat sich jede Einzelheit von ihm tief in mir eingeprägt.

Viele Freunde und Bekannte sagten mir später, daß sie eigentlich nach Julians Tod eine ganz andere Reaktion von mir erwartet hätten. Sie hatten sich darauf vorbereitet, mich zu trösten und brauchten es nicht. Irgendwie war ihnen das nicht geheuer. Manche dachten sogar, ich hätte unter der Einwirkung von Beruhigungsmitteln gestanden.

Mein wunderbares Beruhigungsmittel hieß Laurenz. Mit ihm habe ich geweint, geredet und gebetet. So wie wir alle Stationen des Lebens seit unserer Hochzeit gemeinsam gegangen sind, so haben wir auch diese schwere Zeit gemeinsam bewältigt.

Timo hat uns in jenen Tagen viel Freude gebracht. Es schien, als wäre er widerstandsfähiger geworden. In gewissen Abständen bekam er zwar immer noch Infektionskrankheiten, wurde aber viel besser damit fertig und erholte sich von Mal zu Mal schneller.

Später, als wir bewußter über diese Zeit nachdachten, kam es uns vor, als hätte Julian bei seinem Tod auch einige Leiden von Timo mitgenommen. Er ist seitdem erstaunlicherweise nie wieder im Krankenhaus gewesen. Mit jedem Jahr wurde er mobiler und innerlich ruhiger. Auch sein Allgemeinzustand stabilisierte sich. Wir waren so glücklich, daß wir Timo hatten. Durch seine Fröhlichkeit gab er uns immer wieder Anlaß zur eigenen Freude.

Einige Zeit nach Julians Beerdigung zeichnete Laurenz einen Grabstein und brachte den Entwurf zu einem Steinmetz. Er verarbeitete Julians Tod einfach besser, indem er aktiv war. Ich dagegen gelangte durch die Auseinandersetzung mit dem Tod immer mehr auf die geistige Ebene – die Welt der Ursachen. Zuerst war mir dieser Prozeß gar nicht bewußt. Manchmal wurde ich regelrecht geleitet und ging, ohne es vorher gewollt zu haben, in eine Buchhandlung. Prompt fand ich ein Buch, dessen Titel und Beschreibung mich ansprach. Wenn ich es dann zu Hause las, gab es mir genau die Antwort, nach der ich gesucht hatte. Wenn man sich mit der geistigen Ebene beschäftigt, so wird man schnell merken: Es gibt keine Zufälle. Alles ist dem Kausalitätsgesetz unterworfen – auch Julians Leben und Sterben.

Im Herbst 1988 wollten meine Freundin Ingrid und ich mit unseren Kindern Kururlaub auf Borkum machen. Timos angegriffenen Lungen tat die Seeluft sicher gut. Ein Bollerwagen mit dicker Gummibereifung wurde gekauft, in dem wir ihn ohne Probleme mit an den Strand nehmen konnten, denn der Buggy hätte sich sofort im Sand festgefahren. Da Timo nicht allein sitzen konnte, befestigte Laurenz seine Sitzschale im Bollerwagen. So konnte er nach allen Seiten Ausschau halten.

Unsere Wohnung auf der Insel war eigentlich schon für Ingrid mit ihren drei Kindern zu klein, geschweige denn zusätzlich für Timo und mich. Und wenn uns unsere Männer am Wochenende besuchten, wurde es ganz chaotisch. Die Küche war so eng, daß ich bequem am Tisch sitzend den Kühlschrank und diverse Küchengeräte erreichen konnte, was mir das Aufstehen ersparte. Timo und ich bewohnten das größere Zimmer, während Ingrid mit ihren Kindern in einem Raum schlief, an dessen Längsseite ein Bett neben dem anderen stand. Kein Zentimeter Platz war mehr dazwischen. Wenn alle im Bett lagen, sah es aus wie bei den sieben Zwergen.

Nach kurzer Zeit hatten wir den Trick raus: Wir gingen zum Beispiel rückwärts ins Bad, wodurch uns waghalsige Wendemanöver unter der Schräge und in der bedrohlichen Enge dieses Raumes erspart blieben.

Laurenz und Ingrids Mann Otto hatten uns auf dem Hinweg begleitet, besuchten uns dann allerdings nur an den Wochenenden, weil sie keinen Urlaub hatten. Für Laurenz gab es nur die Möglichkeit, in dem Bett an der gegenüberliegenden Wand zu schlafen.

Als wir in der ersten Nacht schlafen gingen, versuchten wir zunächst wegen Timo leise zu sein, aber an seiner Atmung hörte ich, daß er fest schlief.

Müde von all den Urlaubsvorbereitungen und der ungewohnten Seeluft wünschte ich Laurenz eine gute Nacht – er aber war mit dieser matten Aktion nicht ganz einverstanden. Ein paar lockere Sprüche gingen hin und her – bis Timo plötzlich sein Köpfchen hob.

„Timo spannt wieder", grinste Laurenz.

„Heute gibt es aber nichts zu spannen", verteidigte ich müde die Stellung.

„Wetten, daß?" lachte er leise und schlich an mein Bett. Da passierte es: ein lauter Knall – und ich lag neben meinem Bett.

Laurenz war sichtlich irritiert. Ich erhob mich mit zitternden Knien. Gerade, als wir den Schaden an meinem Bett begutachten wollten, stürmten Otto und Ingrid ins Zimmer. Mit großen Augen sahen sie, in welch verdrehter Position wir vor dem Bett lagen. Ihre Phantasie schlug Blüten, während Laurenz kleinlaut versuchte, die Situation zu klären: „Gabis Bett ist zusammengebrochen."

„Ja, ja", meinte Otto verständnisvoll, „der Abschiedsschmerz . . .", während Ingrid einen Lachkoller bekam und sich diskret umdrehte.

Immer wieder beteuerte Laurenz: „Also Leute, ich komme lieber zehnmal in einen echten Verdacht, als einmal in einen falschen. Hiermit habe ich nichts zu tun – wirklich nicht."

Unter Ottos lästerlichen Kommentaren wurde der Schaden dann gemeinsam begutachtet. „Reparieren können wir das Bett jetzt auf keinen Fall,“ stellte Laurenz fachkundig fest.

„Und was nun?“ fragte ich hilflos.

Ingrid dachte nach und sagte dann plötzlich: „Ich habe heute Nachmittag unten im Hof ein paar Pflastersteine gesehen. Könnten wir die nicht provisorisch als Standbein nehmen?“

Das war die Idee! Ingrid und ich schlichen im Schlafanzug die Treppe herunter, um in der stockdunklen Nacht nach Pflastersteinen zu suchen. Ein herrlicher Anblick! Einige Zeit irrten wir im Hof herum, bis wir fündig wurden.

Für Timo gab es wirklich nichts mehr zu spannen, denn die ganze Nacht über lag ich verkrampft im Bett und wagte kaum, mich umzudrehen, geschweige denn, Laurenz bei mir schlafen zu lassen. Die erste Tat am nächsten Morgen war natürlich, das Bett umzutauschen.

Nach unserer ersten Urlaubswoche bekam Timo Probleme mit der Lunge und hatte hohes Fieber. Ich vermutete, daß es an der Luftveränderung lag.

„Man sagt ja, daß eine Klimaveränderung in vielen Fällen zuerst eine Verschlechterung des Gesundheitszustandes hervorrufen kann“, sagte ich besorgt zu Ingrid, „aber daß es so schlimm sein wird, hätte ich nicht gedacht. Ich fürchte, ich muß die Ärzte in der Klinik um Rat fragen.“

Eilig packten Ingrid und ich die Kinder ins Auto und fuhren noch in der Abenddämmerung los, um das Krankenhaus zu suchen. Wir hatten nicht die geringste Ahnung, wo es war. Die Tatsache, daß auf Borkum nur einige wenige Straßen für den Autoverkehr zugelassen sind, machte die Suche nicht gerade einfacher, aber laut Auskunft eines Passanten sollten wir uns ganz in der Nähe befinden – und tatsächlich näherten wir uns einem ziemlich großem Gebäude.

Ingrid bog in eine Seitenstraße ein und steuerte genau dieses Gebäude an. Plötzlich endete die Straße abrupt mitten auf einem Rasen.

„Du, ich denke, hier sind wir nicht richtig", stellte ich fest.

„Das glaub ich auch", erwiderte sie trocken, „laß uns lieber drehen und zurückfahren." Aber als sie wenden wollte, drehten die Räder im nassen Gras durch.

„O nein – was ist denn nun schon wieder", stöhnte sie und stieg aus. „Gabi – wir stecken fest! Der ganze Rasen ist völlig aufgeweicht."

„Mist! Fahr du, ich schiebe", sagte ich mit dem Mut der Verzweiflung und stellte mich hinter dem Kombi in Position. Der Motor heulte auf, ich schob mit aller Kraft, aber nichts rührte sich.

Mittlerweile war es ganz dunkel geworden, und wir sahen, wie in den Fenstern gegenüber die Lichter angingen und sich neugierige Gesichter durch die Gardinen schoben, um die Aktion auf dem Rasen zu beobachten.

„Gabi, das sind ja alles ältere Leute! Irgend etwas stimmt hier nicht", sagte Ingrid.

Auch mir dämmerte langsam, daß wir nicht bei der Klinik, sondern vor dem Altenheim mitten auf dem Rasen standen. Obwohl unsere Lage nicht gerade rosig war, kam uns die ganze Komik der Situation zu Bewußtsein, und wir prusteten los.

Inzwischen aber waren Ingrids Kinder unruhig geworden, und sie konnte sie gerade noch davon abhalten, aus dem Auto zu klettern, um auf dem aufgeweichten Rasen herumzurennen.

„Ohne Hilfe werden wir es wohl kaum schaffen, aus diesem Morast herauszukommen", sagte ich sinnigerweise zu Ingrid. „Vielleicht ist ja irgendwo ein Eingang, und wir können Hilfe holen."

Wir trieben eine Dame auf, die gerade ihren Dienst auf der Sozialstation beendet hatte. Sie erkannte unser Dilemma und wollte uns helfen. Gut, daß Ingrids Gummistiefel im Kofferraum lagen. Wir legten sie vor die Hinterräder, und während wir beide hinten mit vereinten Kräften schoben, fuhr Ingrid an. Zuerst drehten die Räder noch durch, aber nach kurzer Zeit hatten wir den Wagen wieder auf festem Untergrund.

„Gott sei Dank! Das ist geschafft!" meinte ich erleichtert und drehte mich zu unserer netten Helferin um. Ich erstarrte – unser rettender Engel hatte sich in ein schlammbespritztes Wesen verwandelt.

Ingrid sah was passiert war und schüttelte entsetzt den Kopf. „O nein, das nicht auch noch!"

Die nette Dame jedoch fand das alles sehr komisch und lachte laut: „Ist doch alles halb so schlimm. Morgen wird wieder gewaschen."

Von unserem Vorschlag, wenigstens Geld für die Reinigungskosten zu nehmen, wollte sie nichts wissen. So fuhren wir mit einem schlechten Gewissen und ohne das Krankenhaus gefunden zu haben, wieder zurück zur Wohnung. Uns war nicht mehr danach, jetzt noch eine große Suchaktion zu starten. Ich beschloß, unseren Kinderarzt anzurufen, um ihm Timos Lungenproblematik zu schildern.

Die Idee erwies sich als goldrichtig, denn schon nach ein paar Tagen wirkte die Zusammensetzung der Antibiotika, zu der mir unser Arzt geraten hatte, so gut, daß Timo wieder fit war. Wie gut, daß ich vor unserer Abreise Medikamente für alle erdenklichen Notfälle eingepackt hatte.

Gern denke ich auch an das nächste Wochenende auf Borkum zurück. Wir machten mit unseren Männern und Kindern eine Strandwanderung. Durch den immensen Spaß miteinander hatten wir weder auf die Zeit noch auf die Richtung geachtet, und ehe wir's uns versahen, waren wir am Nacktbadestrand gelandet.

Laurenz sagte: „Oh, wo sind wir denn hier?"

„Als ob das zu übersehen wäre", grinste Otto, „sollen wir auch mal?"

Ingrid starrte Otto entgeistert an. „Das ist verrückt! Weißt du, wie kalt es ist?"

Anfang Oktober blies uns der Wind schon recht kalt um die Ohren. Eigentlich war es ja wirklich verrückt, aber trotz der Kälte zogen wir uns aus und liefen unter dem Gejohle von Ingrids Kindern mutig ins Meer.

Noch heute lachen wir über die Fotos, auf denen unsere Kinder dick vermummt am Strand spielen und wir – kaum oder überhaupt nicht bekleidet – herumspringen, um uns wieder einigermaßen aufzuwärmen. Vor dem Sprung ins eiskalte Wasser hatten wir natürlich nicht daran gedacht, daß wir keine Handtücher bei uns hatten.

Der Rest des Urlaubs verlief harmonisch. Wieviel Spaß hatten wir mit Ingrid und Otto! An manchen Tagen hatten wir Muskelkater im Bauch vor Lachen. Zu Hause sollten wir dann deutlich merken, wie gut nicht nur uns diese Zeit getan hatte, denn auch der Zustand von Timos Lungen hatte sich tatsächlich nach der ersten Urlaubswoche erheblich verbessert.

Urlaub war inzwischen für Timo auch nichts Neues mehr. Da wir mit ihm unabhängig sein wollten, hatten wir einen Wohnwagen gekauft. Wann immer wir es zeitlich einrichten konnten, fuhren wir für ein paar Tage oder Wochen an die Nordsee. Im Urlaub machten wir die schönsten Erfahrungen mit Menschen, die sich an Timos Behinderung nicht störten und sich liebevoll nach seiner Krankheit erkundigten.

Während unseres ersten Urlaubs lag Timo noch im Kinderwagen, und ich ging mit ihm spazieren. An einem Tag war er sehr verschleimt. So blieb ich oft stehen, um ihn abzusaugen. Für Spaziergänge führte ich eine Pumpe bei mir, die mit dem Fuß betätigt wurde. Also stand ich dauernd vor dem Kinderwagen und pumpte. Das hatte ein älterer Herr längere Zeit beobachtet. Höchst interessiert kam er zu mir und fragte: „Sagen Sie mal, junge Frau, was sind das denn für komische Kinderwagen, bei denen man alle paar Meter Luft aufpumpen muß?"

Lachend erklärte ich ihm die Situation. Mit sichtlicher Erheiterung hörte er mir zu. Anschließend sind wir noch ein langes Stück zusammen gegangen. Natürlich erlebten wir auch im Laufe der Jahre mit Timo Negatives oder hörten dumme Kommentare, aber die positiven Erlebnisse überwogen.

Am liebsten beantworte ich Fragen von Menschen, bei denen ich echtes Interesse für Timo spüre. Ihnen erkläre ich Timos Situation gern. Oft sind es genau diese Menschen, die wiederum viel von sich selbst preisgeben und von denen ich für mein Leben wieder etwas lernen darf.

Besonders ausdauernd sind Kinder. Sie schaffen es lokker, zehnmal hintereinander zu fragen: „Wieso hat Timo denn das komische Röhrchen im Hals?" Ich versuche dann immer wieder, ihnen eine für sie einleuchtende Erklärung zu geben, und meistens gelingt es mir auch, ihnen gegenüber geduldig zu bleiben.

Damals aber gab es auch Tage, an denen ich am liebsten keine Fragen mehr beantwortet hätte. Ich hatte einfach keine Lust, ständig von vorne mit Timos Lebensgeschichte anzufangen.

Kapitel 10

Die Seele kann nicht
leben ohne Liebe,
sie muß etwas lieben,
sie ist aus Liebe geschaffen.
Katharina von Siena

Im Herbst 1988 meldete ich mich zu einem Yogakurs an. Während des Kurses wurden mir Zusammenhänge zwischen der Ernährung und Gesunderhaltung des Körpers, der Bewegung und den geistigen Aspekten unseres Daseins klar, und mein Bewußtsein wurde in vielen Dingen geschärft. Durch regelmäßige Yogaübungen bekam ich die Chance, meinen Körper richtig kennenzulernen.

Da Timo nie laufen lernen wird, ist er darauf angewiesen, getragen zu werden. Bevor ich zum Yoga ging, hatte ich mir viele Gedanken gemacht, wie lange mein Rücken die Belastung des schweren Hebens wohl aushalten würde. Durch Yoga habe ich erkannt, daß ich die Möglichkeit habe, meinen Körper, und insbesondere meinen Rücken, durch gezielte Übungen zu stärken. Dadurch habe ich vor allem gelernt, auf die Kraft in meinem Körper zu vertrauen.

Dieses neue Vertrauen, das sich langsam entwickelte, wirkt sich mittlerweile auf alle Bereiche meines Lebens aus. Ich begann damit, die Funktionen der einzelnen Körperorgane und ihre Aufgaben besser zu verstehen, und wurde durch dieses Wissen viel gelassener. Krankheiten machen mir keine Angst mehr. Dann lernte ich, daß Atmen mehr als nur eine Aufnahme von Sauerstoff ist. Ich erlebte den Atem als Lebensenergie für Körper und Geist.

Auch im geistigen Bereich lernte ich viel von meinem Yogalehrer. Besonders liebte ich die Stunden, in denen er nur erzählte, und konnte nie genug erfahren. An all dem ließ ich Laurenz, der sich auch sehr dafür interessierte, teilhaben. Manchmal machten wir abends auf dem Teppich im Wohnzimmer Yogaübungen und hatten viel Spaß dabei.

Im Januar 1989 hatten wir Gewißheit, daß ich wieder schwanger war. Wir hatten uns bestimmt nicht leichtfertig für ein weiteres Kind entschieden. Nach Julians Tod waren wir beide der Meinung gewesen, daß es besser wäre, keine eigenen Kinder mehr zu haben. Bei der Caritas hatten wir uns nach den Richtlinien für eine Adoption erkundigt und nahmen an einem Kursus teil, der uns über die Adoptionsbedingungen aufklären sollte. Dabei lernten wir zwar viel über das Verhalten eines Kindes, merkten aber auch sehr schnell, daß uns wahrscheinlich nie ein Kind zugesprochen werden würde. Timo und sein enormer Pflegeaufwand sprachen einfach dagegen. Offiziell bekamen wir zwar eine Pflegeerlaubnis, aber ich glaube, niemand hat ernsthaft daran gedacht, uns wirklich ein Kind zu vermitteln.

Erst durch die geistigen Erkenntnisse aus der Yoga änderten wir unsere Meinung in Bezug auf ein weiteres eigenes Kind. Wir verdrängten unsere Gefühle nicht mehr und ließen unsere inneren Impulse einfach zu. Und die sagten uns, daß wir uns nicht gegen den Wunsch nach einem eigenen Kind sperren sollten.

Im Gegensatz zu meinen ersten beiden Schwangerschaften ging es mir von Anfang an nicht besonders gut. Ich war ständig schlapp und müde. Mir fehlte einfach der Antrieb, den Tag durchzustehen. Dieses Gefühl kannte ich vorher überhaupt nicht. Schwanger war ich immer besonders aktiv.

In meiner 18. Schwangerschaftswoche im April 1989 machte ich einen Termin bei meinem Gynäkologen, weil ich eine Pilzinfektion vermutete und dieser unangenehmen Situation ein schnelles Ende bereiten wollte.

Nach der Untersuchung sagte der Gynäkologe fröhlich zu mir: „Immer diese dummen Pilze! Kommen Sie, Frau Berens, ich zeig ihnen mal was richtig Schönes."

Er rückte das Ultraschallgerät zurecht, und ich freute mich, mein Baby mal außer der Reihe auf dem Monitor zu sehen. Mein Bauch wurde mit wabbeligen Gel eingeschmiert und abgetastet.

Schon bei dem ersten Kontakt zuckte ich zusammen. Mir lief es plötzlich kalt den Rücken herunter. Ohne genau zu wissen warum, spürte ich sofort, irgend etwas war mit meinem Baby passiert. Mit Entsetzen sah ich dann auf dem Monitor, wie es leblos in meinem Bauch herumschwamm und kein Lebenszeichen von sich gab.

Mein Gynäkologe war sehr blaß geworden. Nachdem er mehrmals versuchte hatte, das Baby mit dem Zoom auf dem Monitor näher heranzuholen, brach er die Übertragung schweigend ab.

„Tja", räusperte er sich, „Frau Berens, es tut mir unendlich leid, aber ich muß Ihnen sagen: Das Baby ist tot."

Ich konnte gar nichts sagen, so geschockt war ich. Mein Gott, hörte es denn nie auf? All die Gedanken, die wir uns seit Monaten gemacht hatten – unsere Hoffnungen auf ein gesundes Kind! Wie oft hatten wir darüber gesprochen und sämtliche Zweifel verdrängt – und nun das! Wie sollte ich Laurenz diese Nachricht bloß beibringen?

Der Arzt machte mir eindringlich klar, daß ich umgehend ins Krankenhaus mußte.

Nachdem ich meine Gedanken einigermaßen wieder unter Kontrolle hatte, entschied ich, zuerst zu Hause alles wegen Timo zu regeln. Mit letzter Beherrschung versicherte ich dem Arzt, daß ich selbst noch Auto fahren konnte. Wie eine Marionette machte ich mich auf den Weg nach Hause.

Laurenz – er hatte sich so gefreut! Wie weh würde ihm diese Nachricht tun? Unendlich traurig war er dann, als er es erfuhr.

Voller Verzweiflung packte ich meine Tasche fürs Krankenhaus. Nachdem meine Mutter gekommen war, um auf Timo aufzupassen, fuhren wir los.

Im Krankenhaus erklärte mir die Hebamme, daß ich das Kind auf natürlichem Wege zur Welt bringen mußte. Für eine Ausschabung war meine Schwangerschaft zu weit fortgeschritten und der Muttermund zu fest verschlossen. Nachts bekam ich meine erste wehenfördernde Spritze, morgens die zweite.

Dann setzten die Wehen ein, mir wurde übel, und ich bekam starke Schmerzen. Als die Hebamme merkte, wie ich mich vor Schmerzen krümmte, gab sie mir eine schmerzstillende Spritze und meinte mitfühlend: „Ich kann zwar nicht Ihre Seele betäuben, aber den körperlichen Schmerz, den kann ich Ihnen nehmen."

Im Laufe des Tages fühlte ich mich immer benebelter. Nichts um mich herum konnte ich mehr genau registrieren. Ich sah alles durch eine dicke Wattewand. Aber ich wurde liebevoll betreut. Trotz meiner desolaten seelischen Verfassung fühlte ich mich hier in sicheren Händen.

Am späten Nachmittag brachte mir eine Schwester einige Zwiebäcke und eine Tasse Tee. Den ganzen Tag über hatte ich nichts gegessen, weil nach der Geburt eine Ausschabung in Narkose vorgenommen werden sollte.

Da mein Körper noch nicht auf die Wehenmittel reagiert hatte, sollte ich erst am nächsten Tag weitere erhalten. Beim Abendessen geschah es dann: Ich spürte plötzlich einen starken Druck im Unterleib, eine Preßwehe – und es war passiert. Unser totes Kind war geboren mitsamt der heilen Fruchtblase.

Die Hebamme packte es schnell ein, so daß ich es nicht mehr sehen konnte, und ging damit aus dem Raum. Bevor ich zur Ausschabung in den OP kam, konnte ich sie noch nach dem Geschlecht des Kindes fragen. Es war ein Junge.

Nun hatte ich auch dieses Kind verloren. Um mich von der Erschütterung zu erholen, blieb ich ein paar Tage im Krankenhaus. Mein Seelenleben hatte durch diesen neuen Verlust einen derben Knacks erlitten. Es war viel, was ich verarbeiten mußte. Aber die netten Anrufe und die lieben Besuche taten mir gut.

Meine Art, Probleme zu lösen, besteht darin, daß ich mit vertrauten Personen darüber rede und nicht, die Probleme in mich hineinzufressen. Dadurch habe ich oft Klarheit erlangt. In diesen schweren Tagen merkten Laurenz und ich wieder einmal, wie wichtig unsere guten Freunde und unsere Familien für uns waren.

Bei meiner Entlassung kam die Schwester, die mich ein paar Tage zuvor bei der Totgeburt im Arm gehalten hatte, auf mich zu. Ich kannte sie bereits seit Timos Geburt. Sie lächelte mich an und meinte mitfühlend: „Frau Berens, glauben Sie mir, eines Tages werden Sie dieses Krankenhaus auch mit einem gesunden Kind im Arm verlassen.“

Das klang wie ein festes Versprechen, und ich war sehr gerührt. Als ich dankbar ihre Hände drückte, traten uns beide Tränen in die Augen. Dieser Ausspruch erinnerte mich auch wieder an die tröstenden Worte meines Vaters, als er in der Klinik anrief: „Gabi, weißt du noch? Als junges Mädchen hast du immer davon gesprochen, daß du später einmal vier Jungen bekommen wirst.“

Wie gut tat mir dieser Trost.

Während der ersten Zeit nach diesem Ereignis waren Laurenz und ich sehr traurig und sprachen oft über den kleinen Jungen, der Malte geheißen hätte. Auch heute noch, wenn wir über ihn sprechen, nennen wir ihn beim Namen.

Sein kleiner Körper wurde zum Humangenetischen Institut nach Münster geschickt. Dort waren wir vor unserer dritten Schwangerschaft zu einer Besprechung gewesen. Bei Malte wurden keine Auffälligkeiten oder Anomalien festgestellt, es war alles in Ordnung mit ihm.

Immer wieder fragte ich mich, warum dieser kleine Junge nicht lebend auf die Welt kommen sollte. Was sollte ich aus dieser Erfahrung lernen? Sollte ich dadurch andere Eltern, denen das gleiche Schicksal widerfuhr, besser verstehen? Durch Behinderung und Tod war ich bereits gegangen und konnte anderen helfen, weil ich diese Stationen ganz intensiv durchlebt hatte. Nur was ich selbst miterlebe, verstehe ich wirklich und habe daher ein ganz anderes Mitgefühl für die Betroffenen.

Ganz langsam fing ich an zu begreifen, daß sich mir durch die schmerzhaften Erfahrungen in meinem Leben eine neue Dimension des Bewußtseins auftat. Sie wurde zum Wegweiser meines Lebens. Ich spürte deutlich, daß ich einen neuen Weg einschlug. Durch meine Yogastunden lernte ich zu meditieren, zuerst nicht regelmäßig, aber später wurde mir diese Zeit der Ruhe und Hinwendung nach innen immer wichtiger. Heute suche ich sie und baue sie bewußt in meinen Tagesablauf mit ein. Meditation wirkt wie ein Reinigungs- und Entflechtungsvorgang. Dadurch befreit man sich und erlangt neue Perspektiven. Man läßt sich und seine Probleme los.

Durch die enorme Veränderung, die in mir stattgefunden hatte, wurde ich zu einem Menschen, der seinen Lebensweg bewußt sucht. Ich war auf der Suche nach Gott und allem Göttlichen. In meinen Meditationen fand ich zu Gott. Ich begriff, daß er alles ist, in Einheit mit jedem und allem. Es gibt nichts außerhalb von Gott. Er ist jedem Menschen ganz nah, denn jeder Mensch ist göttlich, genau wie Tiere und Pflanzen. Gott ist Licht und liebende Energie. Gott ist nicht erklärbar, aber von jedem Menschen, der ihn mit dem Herzen sucht, erlebbar.

Viele Dinge in meinem Leben bekamen neue Perspektiven. Ich dachte viel nach und suchte nach neuen Anregungen, die mich weiterbringen sollten. Meine Entwicklung in diese Richtung war unaufhaltsam, und mein Weg führte mehr und mehr in mein innerstes Selbst.

Nach dem Verlust unseres dritten Kindes empfanden viele Menschen unser Schicksal als ungerecht und meinten, warum ausgerechnet uns dieser Verlust wieder treffen mußte – ob wir denn nicht schon genug miterlebt hätten.

Ich sah das alles etwas anders und spürte, wieviel Kraft und Stärke in mir lagen. Gedanken an Resignation kamen nie auf. Ich wollte mein Schicksal annehmen, denn ich wußte, es werden mir immer nur soviel Aufgaben gestellt, wie ich auch bewältigen kann. Die stärkste Kraft des Universums ist die Liebe, und aus dieser Quelle habe ich alle Kraft geschöpft, die ich brauchte. Aber eines war mir immer klar: Ohne Laurenz hätte ich die Bewältigung meiner Lebensaufgaben nie so gut geschafft – und er seine nicht ohne mich.

Jetzt, im Mai 1994, bin ich dabei, meine Erlebnisse niederzuschreiben. Timo wird im nächsten Monat 10 Jahre alt, und so lange bin ich dann schon als Hausfrau und Mutter tätig. Ich liebe meine Aufgabe sehr, denn es gibt für mich nichts Schöneres, als meine Kinder heranwachsen zu sehen. Komplexe als „Nur-Hausfrau" habe ich nicht, weil ich meine Aufgabe für sehr wichtig halte. Bewußt habe ich mich für jedes meiner Kinder entschieden.

Vor ein paar Jahren hatte ich einmal eine Phase, wo ich mir Gedanken um meinen Beruf als Floristin machte. Ich fragte mich, ob ich jemals wieder in den Beruf zurückkehren könnte, und wenn ja, wie würde es dann weitergehen? Wer würde mich einstellen, wenn ich die ganzen Schulferien über bei Timo sein müßte? Was wäre, wenn es Timo nicht gut ginge und er nicht zur Schule gehen könnte? Solche Fragen quälten mich und noch viele andere dazu.

Diese sorgenvollen Gedanken sind verschwunden. Ich weiß, daß ich zur passenden Zeit, wenn meine Kinder älter sind, eine neue Aufgabe finden werde. Vielleicht muß sie nicht unbedingt etwas mit meinem erlernten Beruf zu tun haben. Es gibt viele Möglichkeiten, und ich habe festes Vertrauen in mein Leben.

Bei Laurenz und mir war der Wunsch nach Kindern von Anfang an gleich stark gewesen, aber bisher waren wir nach jeder Schwangerschaft durch unsagbare Ängste und Tiefen gegangen.

Jedesmal hatten wir uns hinterher geschworen: „So, das war's! Noch einmal machen wir so etwas nicht wieder mit. Wir können auch mit Timo allein als kleine harmonische Familie weiterleben."

Eine Weile war es uns dann wirklich gelungen, unsere wahren Gefühle durch rationale Beweggründe zu verdrängen, aber gegen Ende des Jahres 1989 drehten sich unsere Gedanken wieder ganz stark um ein Kind. Unsere Sehnsucht danach hatte unsere Angst schon fast wieder verdrängt.

Jeden Tag beteten wir um Rat oder um ein Zeichen für unser Leben. Was sollten wir bloß tun? Konnten wir wirklich noch eine Schwangerschaft riskieren? Dann folgten Nächte, in denen ich intensiv träumte. Diese Träume waren immer gleich, wenn auch verschlüsselt: Wir bekamen einen gesunden Sohn. Sollte diese Botschaft das erbetene Zeichen sein?

Meine Angst vor einer Schwangerschaft wich langsam. Immer wieder stellte ich mir voller Freude vor, wie ich mit einem gesunden Kind das Krankenhaus verließ, genauso wie es mir die Schwester beim Verlassen der Klinik prophezeit hatte. Ja, ich hatte wieder Vertrauen zu meinem Leben.

Und ich wurde erneut schwanger. Erstaunlicherweise war meine Angst, daß etwas mit diesem Kind nicht in Ordnung sein könnte, minimal. Ich hatte einfach ein gutes Gefühl.

Diesmal behielten wir die Nachricht über eine erneute Schwangerschaft länger für uns. Wir konnten uns die Reaktion der Menschen, die uns nahestanden, schon ausmalen und wollten weder sie noch uns damit belasten. Als es dann doch nicht mehr zu verheimlichen war, trat ein, was wir erwartet hatten. Selbst unsere Freude wurde von ihrer großen Sorge gedämpft. Jeder wünschte uns zwar von Herzen ein gesundes Kind und versuchte, optimistisch zu sein, aber deutlich spürten wir, daß viele uns nicht mehr verstanden. Mehr als einmal wurde ich gefragt, woher ich bloß den Mut zu einer neuen Schwangerschaft nähme.

Ich habe dann versucht, meine inneren Gefühle zu erklären und welches Vertrauen ich zwischenzeitlich in die Schöpfung bekommen hatte. Trotzdem wurde ich das Gefühl nicht los, daß man uns für sehr wagemutig, wenn nicht sogar für verrückt hielt.

Während dieser Schwangerschaft unterzog ich mich mehr Untersuchungen, als normalerweise üblich waren. Es wurde zwar immer eine Ultraschalluntersuchung gemacht, aber jedesmal ging ich wieder mit gemischten Gefühlen zur Untersuchung. Ich brauchte nur die Arztpraxis zu betreten – und schon waren meine Ängste wieder da.

Mein Gynäkologe ging während dieser Zeit sehr auf mich ein. Ein liebevolles Angebot von ihm werde ich nie vergessen, als er sagte: „Frau Berens, wenn Sie einmal wieder Angst um Ihr Kind haben, dann stürmen Sie die Praxis und bitten darum, daß ich es Ihnen auf dem Monitor zeige. Ihr Wunsch wird Ihnen sofort erfüllt."

Zu Hause schauten Laurenz und ich uns dann voller Freude die Ultraschallfotos an, die uns immer wieder Mut machten. Wie glücklich waren wir, daß bei den ganzen Untersuchungen alles in bester Ordnung war. Als Geburtstermin für unser viertes Kind wurde der 18.10.1990 errechnet.

In unserer Freizeit fuhren wir gern mit dem Rad durch die Natur. Als Timo für den Fahrradsitz zu groß wurde, beantragten wir bei unserer Krankenkasse ein Rollfiets. Das ist ein spezieller Rollstuhl, an dem das komplette Hinterteil eines Fahrrads befestigt wird. Vorn können auch erwachsene Personen sitzen. Timo dagegen sitzt in einem Kindersitz und hat dadurch einen besseren Seitenhalt. Das Hinterrad mit Pedalen und der Rollstuhl werden durch einen Spezialverschluß miteinander verbunden. Die vorn befestigte Schiebestange dient gleichzeitig als Lenker. Man kann den

Rollstuhl aber auch einzeln benutzen und ist dadurch sehr flexibel.

Als das Rollfiets geliefert wurde, wollten wir sofort eine Probefahrt unternehmen. Aber mir ging es wegen der bevorstehenden Entbindung nicht besonders gut, und ich wollte lieber zu Hause bleiben.

„Komm doch mit!“ bat mich Laurenz inständig, als er Timo in das Rollfiets setzen wollte.

„Eigentlich ist mir nicht nach Radfahren zumute“, entgegnete ich schwach.

Laurenz hatte plötzlich so ein Glitzern in den Augen, das er immer dann bekommt, wenn er etwas Verrücktes vorhat.

„Du brauchst gar nicht selbst fahren, Gabi. Nimm Timo auf den Schoß – und ich trete die Pedale.“

„Laurenz, hör auf!“ lachte ich. „Das gibt einen Zwergenaufstand.“

„Seit wann macht dir das was aus?“ grinste er. „Setz dich doch einfach mit Timo vorn rein. Ich will nur mal was ausprobieren.“

Gut, obwohl ich hochschwanger war, wollte ich ihm den Gefallen wohl gern tun und nahm Timo auf dem Schoß. Daß Laurenz aber wirklich losfuhr, damit hatte ich nicht gerechnet.

Für manchen Einwohner unseres Dorfes Recke war dies ein äußerst ungewohnter Anblick. Als wir drei mit dem Rollfiets laut lachend um eine Ecke bogen, ließ ein Mann vor Schreck seine Hacke fallen, während andere mit offenem Mund hinter uns her starrten. Es machte enormen Spaß. Bei unseren späteren Fahrradtouren mit dem Rollfiets verursachten wir fast Verkehrsunfälle, weil mancher Autofahrer so abgelenkt wurde, daß er nicht mehr auf den Verkehr achtete.

In ganz verrückten Momenten hatten wir damals schon mal vorgehabt, mit mehreren Rollfietsbesitzern einen gemeinsamen Ausflug zu machen, aber die Befürchtung, daß sich die Unfallquote durch unser Rudelverhalten vielleicht erhöhen könnte, hat uns dann doch von unserem Vorhaben abgebracht. Inzwischen haben sich die Recker an den Anblick gewöhnt, zumal es nun dort einige Familien gibt, die auch ein Rollfiets haben.

Die Resonanz auf unsere Ausflüge mit dem Rollfiets war immer positiv. Im Urlaub bekamen wir das besonders zu spüren. Ich erinnere mich gut daran, daß wir einmal sogar zwei Tage lang von einer Familie gesucht wurden, die uns kurz im Vorbeifahren gesehen und dann aus den Augen verloren hatte. Sie erwischten uns dann kurze Zeit später bei einer Spazierfahrt auf dem Deich. Sofort winkte uns der Vater heran.

„Gut, daß wir Sie gefunden haben! Wir haben Sie schon überall gesucht."

„Ist was passiert?" fragte ich.

„Nein, nein", wehrte der Vater ab, „wir haben Sie bereits vorgestern mit dieser Rollstuhl-Konstruktion vorbeifahren sehen. Wir haben auch ein behindertes Kind. Können Sie uns ein paar Informationen geben, wie wir an so ein Ding herankommen können?"

Laurenz erzählte ihm, daß die Krankenkasse auf Antrag in vielen Fällen die Anschaffung dieses Rollfiets übernähme. Ganz begeistert bestaunte der Mann die Konstruktion von allen Seiten.

„Möchten Sie's mal ausprobieren und 'ne Runde fahren?" bot Laurenz ihm an.

„Lassen Sie mich einfach so fahren?" fragte er überrascht.

„Na klar", antwortete Laurenz.

Der Mann schien sich nicht ganz schlüssig zu sein. Indem er auf Timo deutete, der vorn saß, fragte er: „Und der Kleine?“

„Mit Timo hauen Sie sowieso nicht ab“, grinste Laurenz und hatte die Lacher auf seiner Seite.

Diese Episode brachte uns dann auf die Idee, stets einige Informationsunterlagen von dem Rollfiets dabei zu haben, um Interessenten gleich etwas zu lesen mitgeben zu können. Im Grunde sind wir froh für jede Information, die wir weitergeben können, um anderen zu helfen.

Timo liebt unsere regelmäßigen Ausflüge mit dem Rollfiets. Auch wir sind dadurch noch flexibler geworden. Es kommt häufig vor, daß wir, wenn Laurenz Feierabend hat, bei schönem Wetter lange Strecken mit dem Rollfiets zurücklegen.

Im Mai 1990 wurden wir mit ganz anderen Problemen konfrontiert. Wir erfuhren, daß es mit der anstehenden Einschulung von Timo und zwei weiteren schwerstmehrfachbehinderten Kindern Schwierigkeiten geben würde. Die Schule, getragen vom Caritas-Verband, war nicht in der Lage, die für die behinderten Kinder dringend benötigte Krankenschwester anzustellen. Aber ohne eine gesicherte medizinische Versorgung unserer Kinder konnte der Schulleiter sie nicht einschulen.

Unsere Kinder konnten wegen ihrer Schulpflicht nicht mehr länger im Kindergarten bleiben, aber die medizinische Versorgung überschritt die Fachkompetenzen der Sonderschullehrer.

Wir waren ratlos. Was nützte uns einerseits die Schulpflicht oder das amtsärztliche Gutachten, daß eine Krankenschwester erforderlich war, wenn andererseits die Unterbringung am Geld scheiterte? Der Caritas-Verband hatte schon einige entsprechende Anträge für eine Fachkraft bei verschiedenen Stellen gestellt, aber bis dahin ohne Erfolg. Dem Träger wurde nur lehrendes, aber kein pflegerisches Personal finanziert. Also forderten wir Eltern die Erweiterung des Stellenplanes für die Schulen der Geistig-Behinderten, damit zusätzlich pflegerisches Personal eingestellt werden konnte. Viele andere Bundesländer hatten schon auf dementsprechende Anträge positiv reagiert.

Bald war allen betroffenen Stellen das Einschulungsproblem unserer Kinder bekannt, aber die verschiedenen Ämter schoben die Entscheidung von einer Stelle zur anderen, ohne eine konkrete Lösung zu schaffen. Jeder verstand unser Problem, nur das Geld fehlte, und so wurden wir ständig vertröstet.

Die Zeit aber drängte, denn im August 1990 fing das neue Schuljahr an, und wir betroffenen Eltern wußten nicht, wohin mit unseren Kindern. Sie konnten doch nicht den ganzen Tag zu Hause bleiben. Neben einem Anspruch auf angemessene Bildung mußten sie auch die Möglichkeit bekommen, geistig und körperlich gefördert zu werden.

Zu allem Überfluß hatten wir schon vor einiger Zeit ein Schreiben vom Amt bekommen, in dem wir aufgefordert wurden, unser Kind zur Schule anzumelden, da es schulpflichtig würde. Bei Nichteinhalten des angegebenen Vorstellungstermins wurde uns sogar mit einer Geldstrafe gedroht. Der Amtsschimmel wieherte.

Nachdem einige Schreiben seitens der Eltern keinen Erfolg brachten, wandten wir uns an die Presse. Unser Einschulungsproblem kam an die Öffentlichkeit. In einigen Zeitungsartikeln wurde ausführlich darüber berichtet.

Als wir darauf immer noch keine Reaktionen bekamen, meldeten wir uns beim Westdeutschen Rundfunk. Die zuständige Redakteurin war an unserem Problem interessiert. Gedreht wurde im Kindergarten und bei uns zu Hause.

Nach einigen Wochen konnten wir die Sendung dann im Fernsehen anschauen. Die Problematik war gut verständlich. Trotz der Kürze der Sendung war sie auf den Punkt gebracht worden.

Ungefähr vierzehn Tage vor dem offiziellen Schulbeginn konnten wir dann aufatmen. Unsere Kinder durften zur Schule gehen. Der konstante Druck und die ständigen Bemühungen von uns Eltern hatten wahrhaftig Erfolg gezeigt. Es wurde eine Arbeitsbeschaffungsmaßnahme vom Arbeitsamt eingerichtet, die zu siebzig Prozent vom Arbeitsamt bezahlt wurde, während die restlichen dreißig Prozent von der Caritas durch Spendengelder und vom Kreis übernommen wurde. Die ganze Sache sollte erst einmal ein Jahr laufen, konnte aber nach Ablauf dieser Zeit für noch ein Jahr verlängert werden.

Nach zwei Jahren sollten wir dann wieder vor dem gleichen Problem stehen. Auch da kämpften wir wie die Löwen – und hatten Erfolg, als unsere Krankenschwester letztendlich einen unbefristeten Arbeitsvertrag unterschreiben konnte. Die Sorgen der vergangenen Jahre fielen von uns ab, und wir bekamen das Gefühl, wieder eine große Hürde des Bürokratismus genommen zu haben.

Haben Eltern von behinderten Kindern ihre Lebenssituation einmal angenommen, müßten die meisten Schwierigkeiten eigentlich gelöst werden können, gäbe es da nicht den ständigen Konflikt mit Ämtern und Behörden. Bei unseren Anträgen für Timos Schwerbehindertenausweis beispielsweise hatten wir das Gefühl, auf einem arabischen Basar gelandet zu sein und nicht beim Versorgungsamt, so nach dem Motto: Wer bietet uns mehr Prozente? Nach dem ersten Briefwechsel wurde Timo als fünfzig Prozent schwerbehindert eingestuft, seine Behinderung durch die Kanüle hatte man noch nicht einmal berücksichtigt. Es hat noch einigen Briefwechsel gekostet, ehe Timo mit hundert Prozent anerkannt wurde.

Bei mir kam bei diesen Aktionen des öfteren das bittere Gefühl auf, daß viele Behörden die Resignation mancher Eltern bewußt einkalkulieren. Oft wurden Antwortschreiben mit Paragraphen und Gerichtsurteilen, die außerdem noch in der Revision hingen, gespickt, um anzudeuten, daß jeglicher Widerspruch zwecklos war. Ich habe schon viele Eltern kennengelernt, die daraufhin den Mut, wichtige Dinge für ihre Kinder durchzuboxen, verloren haben. Die ewigen Reibereien hatten sie mürbe gemacht.

Es ist schade, daß jeder für seine Rechte und Ansprüche selbst verantwortlich ist. Selten trifft man jemanden, der einen über seine Rechte aufklärt. Meistens sind es die Eltern selbst, die sich gegenseitig gute Tips geben, denn Probleme beim komplizierten Sozialrecht gibt es viele. Ständig wird irgendein Paragraph oder eine Bestimmung geändert, so daß es selbst für viele Mitarbeiter dieser Ämter problematisch ist, sich den Veränderungen anzupassen. Paragraphen mit einer „Kann-aber-muß-nicht-Bestimmung" – auch Gummiparagraphen genannt – tragen wohl kaum zur Vereinfachung des Sozialrechts bei.

Ein weiteres Problem ist die Überlastung der Sozialämter. Gerade in diesen Bereichen haben die Mitarbeiter große Schwierigkeiten, dem Druck und der Belastung standzuhalten. Für viele Eltern behinderter Kinder kommen noch zusätzliche Probleme mit den Krankenkassen hinzu. Die Kostenübernahme für ein Hilfsmittel muß oft regelrecht erkämpft werden.

Zum Glück traf das bei uns nicht zu. Unsere Anträge an die Krankenkasse stießen bisher auf Verständnis. Wenn man pflegende Angehörige als diejenigen ansieht, die ständig um finanzielle Unterstützung bitten, so ist das sicherlich nicht richtig. Vieles ist einfach zur Bewältigung des täglichen Lebens dringend notwendig.

Für mich war es über lange Zeit hinweg sehr schwer, so oft um Hilfe bitten zu müssen. Mittlerweile habe ich gelernt, daß es richtig ist. Ich merke es an mir selbst, um wie vieles einfacher es ist zu geben, als zu nehmen. Als Gebender bin ich frei, wobei ich mich als Nehmender oft mit falschen Schuldgefühlen herumplage.

Um die Zukunft der Behinderten einfacher zu gestalten, muß es in allen Bereichen Menschen geben, die bereit sind, sich mit ihrer ganzen Kraft einzusetzen; die den Mut haben, auch unbequeme Wege zu betreten, um so neue Möglichkeiten zu schaffen. Wir müssen endlich mit unserem Schubladendenken aufhören. Es muß nicht immer alles eingeordnet und aussortiert werden.

Wäre es nicht schön, würden unsere behinderten – ganz besonderen Mitmenschen – mit aller Selbstverständlichkeit zu unserer Gesellschaft dazugehören? Sind manche als normal geltende Menschen in Wirklichkeit nicht viel behinderter und eingeschränkter als die, bei denen dies offensichtlich ist? In den Niederlanden ist man in vielen Bereichen schon wesentlich fortschrittlicher als bei uns. Behinderte Menschen gehören mit großer Selbstverständlichkeit zum Alltag dazu.

In unserem Rechtsstaat dagegen sind wir immer noch an dem Punkt, wo mancher es unzumutbar findet, im Urlaub mit behinderten Menschen in einem Raum zu essen. Und als Krönung des Ganzen hat man sogar die Rechtsprechung auf seiner Seite. Es gäbe bestimmt noch mehr dieser extremen Beispiele. Denkt man über diese Tragik nach, so wird einem massiv bewußt, wieviel eigentlich noch verändert werden muß.

Ich habe mich schon sehr oft gefragt, warum es für viele so schwierig ist, Behinderungen ihrer Mitmenschen zu akzeptieren. Warum sollen gerade diese in unsere Gesellschaftsnorm hineingepreßt werden? Jeder Mensch hat eine eigene Persönlichkeit, die einzigartig ist und mit der er die Möglichkeit hat, durch sein Bewußtsein einen persönlichen Beitrag zum Leben auf dieser Welt beizusteuern. Wir können uns nicht oft genug sagen, daß jeder Mensch etwas ganz besonderes ist. Eigentlich möchte es jeder gern sein. Den Ausspruch: „Es sollte schon etwas Besonderes sein", kennen wir alle; nur nicht das gleiche Auto oder die gleiche Hose wie der Nachbar haben, lieber etwas ganz Herausragendes. Gerade in diesem Bereich verhalten wir uns sehr widersprüchlich: Einerseits wären wir gern etwas Einmaliges, andererseits lassen wir uns von der Industrie und den Medien dazu manipulieren, einem Ideal als Massenmensch zu entsprechen – dem Ideal einer nachgeahmten „Schönheit". Jeder versucht auf seine Weise, dem Klischee der Superfrau, des Supermannes möglichst nahe zu kommen.

Unsere Behinderten dagegen fallen in diesem Bereich aus dem Rahmen. Könnten Sie sich vorstellen, daß alle Menschen die gleiche Körpergröße und -form, die gleiche Haar- und Augenfarbe, schlimmstenfalls noch den gleichen Charakter hätten? Wäre das nicht ein Alptraum für uns alle? Wo wären denn dann die Überraschungen, die Eigenarten, die Kreativität oder Exzentrizität – alles was unser Menschsein ausmacht? Warum wollen wir unseren behinderten Mitmenschen keine Chance für ihre Persönlichkeit und Einzigartigkeit lassen? Warum sollen sie sich in allen Bereichen uns Nichtbehinderten anpassen und unterordnen? Sollten wir nicht gegenüber Menschen, die wir zu sogenannten Randgruppen zählen, toleranter sein? Können wir nicht gerade von diesen am intensivsten lernen? Es sind mir in meinem Leben schon viele Menschen begegnet, aber gerade von den ganz besonderen habe ich am meisten für mein Leben gelernt.

Vor etwa einem Jahr habe ich noch eine Begegnung mit einem besonderen Menschen gehabt. Laurenz und ich gingen mit unseren Kindern spazieren und sahen schon von weitem einen von unserer Gesellschaft als Penner titulierten Mann auf einer Bank sitzen.

Spontan sagte Laurenz: „Komm, Gabi, laß uns mal zu ihm hingehen, mit ihm reden und ihm etwas Geld für eine warme Mahlzeit geben."

Etwas halbherzig folgte ich Laurenz und dachte noch, daß wir diesen Mann doch gar nicht kannten. Was sollten wir bei ihm? Zwei Minuten später, als ich ihn kennengelernt hatte, schämte ich mich bereits meiner Gedanken. Es war ein wunderbarer Mensch und sehr intelligent. Stundenlang hätte ich ihm zuhören können.

Timo hatte ihn auch sofort als besonderen Menschen erkannt. Er lächelte ihn an und ließ ihn die ganze Zeit über nicht aus den Augen. Als dieser Mann mir zum Abschied seine schmutzige Hand gab, drückte ich sie herzlich. Er hielt sie lange fest. In diesem Moment war ich tief berührt. Laurenz und ich haben viel von der Ausstrahlung dieses Mannes gespürt.

Auf dem Rückweg nach Hause hing jeder von uns so seinen Gedanken nach. Ich erinnerte mich daran, wie der Mann zugab, mit einer geklauten Grabkerze sein Essen erwärmt zu haben.

Laurenz sprach mal wieder aus, was ich dachte: „Weißt du, dieser Mann hätte ruhig eine Kerze von Julians Grab nehmen dürfen."

Mit dem Beispiel möchte ich nur aufzeigen, daß wir uns nicht verleiten lassen sollten, Menschen nach ihrem Äußeren zu beurteilen. Tun wir das nicht täglich bei Behinderten und anderen Minderheiten? Wir sollten den Versuch aufgeben, andere so umformen zu wollen, wie wir sie sehen möchten und ihnen lieber helfen, sich selbst zu finden. Es ist ja so leicht, die Menschen in Kategorien einzuordnen, statt sie so zu sehen, wie sie wirklich sind. Wenn wir in der Lage sind, die besonderen Qualitäten anderer zu erkennen, so können wir uns daran freuen; ja, wir fühlen uns sogar mit ihnen verbunden. Fangen wir damit an, ohne Ausnahme allen Menschen mit Liebe zu begegnen. Jeder Tag kann dazu ein neuer Anfang sein.

Kapitel 11

Meinen Weg gehen.
Nicht danach fragen, was die Mehrheit tut
und welche Wege sie geht.
Meinen Weg gehen,
auch wenn er staubig und steinig ist,
anstrengend und beschwerlich.
Mir keinen Teil des Weges ersparen.
Meinen Weg gehen.
Und zwischendurch haltmachen, zurückschauen
und mich auf den weiteren Weg freuen.
Rainer Haak

Meine vierte Schwangerschaft machte mir keine Probleme. Alles war in Ordnung. Je näher der Geburtstermin rückte, um so mehr wuchs die Freude auf das Kind. Einerseits konnte ich es kaum abwarten, unser Kind im Arm zu halten, andererseits genoß ich diese Schwangerschaft so sehr, daß ich mir wünschte, diese schöne Zeit möge nie zu Ende sein. Ich hatte alle Gedanken abgestreift, daß irgendwelche Schwierigkeiten bei unserem vierten Kind auftreten könnten.

Am 20. Oktober 1990 war es dann soweit, ich bekam Wehen. Gegen Abend kam meine Mutter zu uns, um bei Timo zu bleiben. Es wurde Zeit, daß Laurenz und ich ins Krankenhaus fuhren.

Obwohl die Wehen bereits heftig eingesetzt hatten, wandelten wir noch einige Stunden lang durch sämtliche Etagen des Krankenhauses. Ich konnte die Wehen beim

Laufen am besten ertragen. Erst einige Tage später, als unser Kind schon geboren war, erfuhr ich, daß eine bekannte Krankenschwester Laurenz und mich in dieser Nacht im Krankenhaus durch die Gänge laufen sah. Mit liebevollen Wünschen, bei uns möge diesmal alles gut gehen, hatte sie still in der Krankenhauskapelle eine Kerze für uns angezündet, die dann die ganze Nacht über brannte. Ich bin sicher, daß uns das Licht und die lieben Gedanken erreicht und geholfen haben.

Gegen 2.00 Uhr nahm ich ein Lavendelbad, und Laurenz hatte es schwer, gegen die beruhigende Wirkung des Lavendels anzukämpfen, doch seine Lebensgeister wurden dann durch eine Tasse Kaffee von der Hebamme wieder geweckt. Ich dagegen war wegen meiner Schmerzen hellwach. Unsere Gedanken weilten bei unserem Kind, das sich auf seinen anstrengenden Weg in die Welt vorbereiten mußte. Ich schloß die Augen. In einer Wehenpause betete ich unhörbar: „Bitte, Vater im Himmel, laß dieses Kind gesund sein – bitte!“

In den frühen Morgenstunden des 21. Oktober 1990 wurde unser Sören geboren. Diesen überwältigenden Augenblick werden Laurenz und ich unser Leben lang nicht vergessen. Ich konnte es einfach nicht fassen. Da lag nun wieder ein Bündel Mensch auf meinem Bauch, schaute mich mit wachen Augen an, während sein Mündchen bereits gut vernehmliche Saugbewegungen machte.

Nach der ersten Untersuchung war klar – Sören war gesund! Unser Sohn war gesund! Dieses Glück kann man gar nicht in Worte fassen. Die Freude im Kreißsaal war unvorstellbar. Wir konnten unsere Blicke nicht von ihm lösen.

Später, als sich unser erster intensiver Gefühlssturm gelegt hatte, lösten sich alle Spannungen der letzten Zeit.

Wir weinten und konnten gar nicht wieder aufhören. Aber diesmal waren es Tränen des Glücks und von unendlicher Dankbarkeit.

Laurenz wurde einige Zeit nach Sörens Geburt beim Verlassen des Kreißsaals von einem Ehepaar, das gerade auf die Entbindungsstation kam, gesehen. Nach der Geburt ihres Babys wurde die Mutter zu mir aufs Zimmer verlegt. Sie sprach aus, was alle bemerkt hatten: „Noch nie habe ich so viel Glück im Gesicht eines Menschen gesehen, wie bei Ihrem Mann, als er aus dem Kreißsaal kam."

In den nächsten Tagen riß der Besuchsstrom nicht ab. Die Freude der Familie, der Freunde und Nachbarn war überwältigend.

Sören lag in seinem Bettchen neben mir. Oft schlief er auf meinem Bauch. Ich genoß jede Minute dieser Zeit, die ich hier intensiv mit ihm erleben durfte.

Einige Male hatten mich die Schwestern hilfsbereit gefragt, ob ich mein Baby nachts nicht lieber ins Säuglingszimmer bringen wollte, damit ich durchschlafen konnte. Ich brachte es einfach nicht übers Herz, Sören abzugeben, hatte ich doch alle Kinder vor ihm abgeben müssen. Schlaflose Nächte war ich durch Timo gewohnt, es machte mir nichts aus, Sören in der Nacht ein paarmal zu stillen. Im Gegenteil – ich genoß diese wunderbare Zweisamkeit mit jeder Faser meines Herzens.

Jeden Nachmittag brachte Laurenz Timo mit ins Krankenhaus. Wie freute ich mich darauf, meinen großen Sohn in die Arme zu schließen! Er verkraftete meinen Krankenhausaufenthalt sehr gut. Morgens wurde er in der Schule versorgt. Den Abend und die Nacht verbrachte er mit Laurenz, der Urlaub genommen hatte.

Fünf Tage später holte Laurenz Sören und mich nach

Hause. Als ich die Klinik verließ, mußte ich unwillkürlich an Krankenschwester denken, die gesagt hatte, daß ich eines Tages die Klinik auch mit einem gesunden Kind im Arm verließe. Dankbar erinnerte ich mich an ihre Worte.

Es war schon ein überwältigender Augenblick, als Laurenz Sören in seiner Tragetasche bei uns ins Wohnzimmer stellte. Tief berührt standen wir vor ihm und hielten uns an den Händen. Voller Glück sahen wir dieses kleine Menschlein an, das nun ein Teil unserer Familie war und mit uns leben sollte. Wir konnten unser Glück noch gar nicht so recht fassen.

Timo liebte seinen kleinen Bruder von Anfang an. Zuerst war er noch etwas erstaunt, wenn ein Geräusch aus der Gegensprechanlage kam, später lachte er darüber.

Laurenz hatte vier Wochen Urlaub genommen, damit er Timo nachts versorgen konnte. So konnte ich Sören in Ruhe stillen. Ich hatte mir schon immer gewünscht, ein Kind stillen zu dürfen, nun war es soweit.

Sören fügte sich so wunderbar in unser Leben ein, daß wir nach ganz kurzer Zeit das Gefühl hatten, er wäre immer schon dagewesen. Hatte ich mir in meiner Schwangerschaft manchmal Gedanken darüber gemacht, wie ich meinen Alltag und besonders die Nächte mit zwei Kindern bewältigen könnte, so stellte sich dies als überflüssig heraus. Obwohl Sören gestillt wurde, schlief er nach fünfeinhalb Wochen durch. So konnte ich mich des Nachts um Timo kümmern, als Laurenz wieder arbeiten mußte.

Von Anfang an habe ich versucht, meine Kinder gleich zu behandeln. Sören sollte nie das Gefühl haben, daß er zuviel Rücksicht auf seinen Bruder, der durch seine Behinderung viel Aufmerksamkeit braucht, nehmen muß.

Timo konnte sich nie – wie jetzt sein Bruder – lautstark bemerkbar machen, deshalb mußte ich darauf achten, mich nicht ausschließlich immer gleich um das Baby zu kümmern. Eine gute Lösung war es, meine Kinder abwechselnd zu versorgen, wenn sie gleichzeitig ein Bedürfnis hatten. Mal mußte Timo warten, bis Sören versorgt war, beim nächsten Mal war es umgekehrt.

Ich habe mir vorgenommen, zwei der größten Fehler, die Eltern von behinderten Kindern machen können, zu vermeiden. Zum ersten: keine zu hohe Erwartungen an die Geschwister zu stellen. Zweitens wird oft von den nichtbehinderten Kindern verlangt, daß sie äußerst lieb und vorsichtig mit dem Geschwisterkind umgehen. Streit und Auseinandersetzungen, ja sogar manchmal Haß, sind meines Erachtens wichtige Bestandteile von Geschwisterbeziehungen. Darum sollten Eltern nicht nur Rücksicht und Aufmerksamkeit verlangen.

In den letzten Absätzen habe ich ganz bewußt von nichtbehinderten und behinderten Kindern geschrieben. Mein erster Impuls war, von behinderten und gesunden Kindern zu schreiben. Aber dann schoß mir die Aussage einer Mutter durch den Kopf, die sie vor einiger Zeit am Ende eines Behindertenforums, an dem auch Laurenz und ich teilnahmen, machte.

„Den ganzen Tag über haben wir nun miteinander geredet“, sagte sie. „Es war auch sicher sinnvoll, aber es stört mich sehr, wenn alle nur von behinderten und gesunden Kindern sprechen. Krankheit ist ein Zustand, der sich beheben läßt, eine Behinderung dagegen bleibt ein Leben lang und ist auch nicht zu heilen. Unser behinderter Sohn ist von unseren drei Kindern der gesündeste, denn unsere nichtbehinderten Kinder sind häufiger krank als er.“

Ich habe lange über diese Sätze nachgedacht und mußte ihr recht geben. Bei Timo kann ich Behinderung und Krankheit nicht unbedingt voneinander trennen, aber bei den meisten Behinderten ist dieses sicherlich möglich.

Timos Gesundheit ist inzwischen allerdings soweit fortgeschritten, daß ein regelmäßiger Schulbesuch möglich ist. Seine Fortschritte zeigen uns, wie gern er zur Schule geht. Des öfteren werde ich gefragt, was Timo eigentlich in der Schule macht. Man darf sich den Schulbetrieb nicht mit einer normalen Aufgabenstellung vorstellen. Kinder, die so schwerbehindert sind wie Timo, können weder lesen, noch schreiben. Das Lernen liegt hier in ganz anderen Bereichen. Die Motorik, die akustische und visuelle Wahrnehmung müssen bei Timo trainiert werden. Die Motorik wird durch jede Art von Bewegung, in der Krankengymnastik, beim Schwimmen oder beim therapeutischen Reiten gefördert. Im akustischen Bereich lernt er im Unterrichtsfach Rhythmik viele Musikinstrumente kennen, auf die er sehr wach und neugierig reagiert.

Manche Instrumente, wie zum Beispiel den Gong oder die Triangel, möchte er selbst „begreifen“ und Töne erzeugen. In dem Unterrichtsfach Licht- und Schattenspiele wird Timo visuell geschult. Er lernt, verschiedene Lichtquellen zu unterscheiden und Lichter und Lichtreflexionen mit den Augen zu verfolgen. Seine Fähigkeit, etwas im Auge zu behalten, wird so enorm gefördert.

Timo genießt es, sich auf dem Luftkissen oder dem Wasserbett zu aalen und seinen ganzen Körper zu lockern. Ist sein Körper entspannt, hat er noch mehr Möglichkeiten, sich zu rollen oder zu drehen. Er liebt das Matschen oder Betasten von verschiedenen Materialien wie zum Beispiel Creme, Sand, Erbsen, Wolle oder Rasierschaum. Lange kann er sich damit beschäftigen und entwickelt dadurch viel Eigenaktivitäten.

Für den lebenspraktischen Bereich lernt Timo im täglichen Eßtraining, seine Probleme mit der Nahrung und dem Verschlucken zu mindern, wenn nicht gar ganz zu überwinden.

Neben Timos ganzen Förderungsmaßnahmen erscheint mir der soziale Bereich sehr wichtig. Er lernt, neben seiner Familie auch mit anderen Menschen umzugehen, und wird von seinen Mitschülern liebevoll umsorgt und oft in gemeinsame Aktivitäten einbezogen. Diese intensive Zuwendung genießt er, und nach den Ferien merkt jeder sofort, wie sehr er alle vermißt hat. Durch seinen Aufenthalt in der Schule ist Timo viel belastbarer geworden. Fremde Umgebungen und Lärm verträgt er weit besser, als wir je zu hoffen gewagt haben.

Von seiner unruhigen Art der ersten von Krankheit geprägten Lebensjahre ist nichts mehr geblieben. Timo ist jetzt ruhig, freundlich und ausgeglichen. Am liebsten lacht er den ganzen Tag. Sein Lachen ist echt und tief, ja beinahe ansteckend. Wenn er mal über längere Zeit hinweg ernst erscheint, ist jeder darum bemüht, ihm schnell wieder ein Lächeln zu entlocken.

Gern erinnere ich mich an die Worte unseres Heilpraktikers, der einmal zu mir sagte: „Frau Berens, Ihr Sohn Timo hat so eine enorme Ausstrahlung, daß er damit Menschen gesund machen könnte."

Timo hat im seelisch-geistigen Bereich schon einige Menschen – angefangen bei seiner Familie – zum Nachdenken angeregt. Es gibt viele, die von einer Begegnung mit Timo tief berührt sind. Sie rechnen nicht damit, daß ein Mensch, der in unserer Gesellschaft als behindert gilt, solch eine Ausstrahlung besitzen kann.

Ein schönes Erlebnis in dieser Richtung hatten wir auf dem Stadtfest in Münster. Laurenz und ich schlenderten mit Sören und Timo von Stand zu Stand. Gitarrenklänge wehten zu uns herüber. Wir folgten der Musik, bis wir in einem Pulk von Menschen einen Gitarrenspieler entdeckten.

Damit Timo sehen konnte, woher die Musik kam, stellen wir ihn nahe an den Musiker heran. Daraufhin geschah etwas Eigenartiges. Der Gitarrenspieler erblickte Timo, der ihn ganz intensiv anschaute. Mir schien es, als könnten die beiden die Augen nicht voneinander lösen. Während der Gitarrist für die anwesenden Zuschauer weiterspielte, saß Timo ganz ruhig in seinem Buggy. Dabei sahen sich beide weiterhin intensiv in die Augen.

Plötzlich griff der Musiker in seinen Koffer mit den bespielten Kassetten und CDs und legte Timo spontan eine Kassette in den Buggy. Dann setzte er sein Spiel fort. Durch diese liebevolle Geste schaffte er eine ganz besondere Atmosphäre. Wurde Timo vorher von manchen Herumstehenden neugierig oder mitleidig angeschaut, brachte man ihm nun von allen Seiten herzliche Aufmerksamkeit entgegen. Wir waren zutiefst berührt.

Laurenz und ich genossen unser neues Familienleben in vollen Zügen. Die Freude über Sören bekamen wir von allen Seiten zu spüren. Plötzlich wußte jeder in unserer Umgebung, daß wir noch einen Sohn bekommen hatten, der völlig gesund zur Welt gekommen war. Ich wurde von vielen Menschen auf unser Kind angesprochen und auch schon mal auf der Straße umarmt. Diese überschwengliche Freude meiner Mitmenschen war einfach überwältigend. Noch nie habe ich so viele Freudentränen geweint wie in den letzten Jahren. Dieses tief empfundene Glück und die Freude, die ich durch Sören erlebe, erfüllt mich mit großer Dankbarkeit.

Seit Sören geboren ist, hat sich Timos Allgemeinzustand noch mehr zum Guten gewandelt. Er genießt es, daß jetzt bei uns immer was los ist. Sören hat Leben in die Bude gebracht. Von Anfang an war er sehr quirlig und temperamentvoll. Die Familienstruktur hat sich nicht nur dadurch, daß Timo einen Bruder bekommen hat, völlig verändert, sondern auch, daß wir als Eltern nun die Aufgabe haben, zwei völlig gegensätzliche Kinder in einer Familie zu integrieren. Sören entwickelt sich immer mehr als äußerst temperamentvolles und bewegungsfreudiges Kind. Manchmal erscheint es Laurenz und mir so, als wolle Sören durch sein enormes Bewegungspensum die mangelnde Beweglichkeit seines Bruders ausgleichen.

Schon recht früh hüpfte und sprang Sören durch die Gegend, was das Zeug hielt. Manche unserer Freunde haben schon scherzhaft zu uns gesagt: „Laßt lieber mal Sörens Beine von einem Arzt röntgen und untersuchen, ob nicht dort, wo andere Knochen haben, Sprungfedern sitzen."

Kein Möbelstück ist für ihn zu hoch, als daß er nicht mal eben ausprobieren könnte, ob es sich als Absprungschanze eignet. Daß mir oft dabei der Atem stockt, ist völlig nebensächlich. Nicht nur der Hoch-, sondern auch der Weitsprung ist äußerst beliebt. Mit der Zeit baute er seine Sprungtechnik derart aus, daß er sich Gegenstände hintereinander legt, um sie zu überspringen.

Laurenz und ich haben sehr schnell gemerkt, daß Sören seine körperlichen Fähigkeiten ziemlich realistisch einschätzen kann, und mischen uns deshalb nur selten bei seinen Aktivitäten ein.

Mit Sörens fortschreitender Entwicklung lernten wir neu, Papa und Mama zu sein. Timo gegenüber spielte unser Verhalten als weibliches oder männliches Vorbild nicht so eine große Rolle wie bei Sören, der die Unterschiede seiner Eltern sehr schnell für sich entdeckte.

Sören hat eine starke Persönlichkeit und weiß genau, was er will. Er läßt sich durch nichts beeinflussen oder zu etwas überreden, was er nicht möchte. Eigentlich finde ich es wichtig, daß es Menschen gibt, die einen starken Willen haben und nicht immer im großen Strom der Masse mitschwimmen, aber manchmal ist es gerade dieses eigenwillige Verhalten meines Sohnes, das mich meine ganzen Erziehungsmaßnahmen in Frage stellen läßt. Dann frage ich mich ernsthaft, ob nicht Sören mir mehr als ich ihm beibringen kann.

Er ist es, der sich viele Gedanken um andere Menschen, Tiere und Pflanzen macht. Schon im Alter von zwei Jahren fing er an, bei Spaziergängen jeglichen Müll aufzusammeln und ihn in unsere Mülltonne zu bringen. Plastiktüten, Getränkedosen und ähnlicher Unrat in der Natur machen ihn richtig wütend.

Einmal sagte er während eines Spaziergangs zu mir: „Guck mal, die armen Blumen kriegen keine Luft mehr und können die Sonne durch den ganzen Müll nicht mehr sehen, das geht nicht.“ Nachdem er die Pflanzen vom Müll befreit hatte, meinte er noch zu mir: „Mama, nur den Dornensträuchern kann ich nicht helfen, weil die mich immer pieksen.“

In seinem Äußeren unterscheidet sich Sören sehr von Timo. Waren Timo und Julian Laurenz wie aus dem Gesicht geschnitten, so entwickelt sich Sören vom Aussehen her mehr in meine Richtung.

Vor Sörens Geburt hatte ich manchmal Angst, daß er wie sein verstorbener Bruder Julian aussehen könnte und sein Anblick viele schmerzliche Erinnerungen bringen würde. Doch Sören mit seinen blonden wuscheligen Stehhaaren, die sich später zu einer wilden Lockenpracht entwickelten, sah seinen Brüdern von Anfang an nicht im geringsten ähnlich. Wenn ich mir heute diesen blonden und blauäugigen Schlingel ansehe, erkenne ich mich und viele meiner Eigenarten wieder.

Seine Entwicklung ist einfach atemberaubend; seine Fortschritte, die er wie von selbst macht, kamen uns bisher immer wie ein Wunder vor. Für uns war es eine ganz neue Erfahrung, daß wir Entwicklungsschritte einfach annehmen durften, ohne dafür trainiert zu haben.

Als Sören ein paar Monate alt war, habe ich mir Gedanken darüber gemacht, wie er wohl reagieren würde, wenn er merkt, daß Timo anders ist als andere Kinder. Mittlerweile spüre ich jedoch, wie sehr Sören an seinem älteren Bruder hängt und daß Timos Zustand völlig normal für ihn ist.

Wenn ich mal mit den Kindern bei meinen Eltern bin und meine Mutter mehr im Scherz sagt: „Fahrt ihr ruhig nach Hause – Timo bleibt heute hier", bricht Sören fast in Tränen aus und sagt verzweifelt: „Timo muß auch mit."

Sören ist nun dreieinhalb Jahre alt, und ich habe bisher noch nie beobachtet, daß er Timos körperliche Unterlegenheit ausgenutzt hätte. Er spürt, daß Timo viel Hilfe von anderen braucht. Am liebsten gibt er Timo Tee zu trinken oder möchte ihn allein füttern. Es ist ihm sogar schon gelungen, Timo abzusaugen und beim Inhalieren zu helfen.

Versucht Sören seinen Bruder zu versorgen, hält Timo mucksmäuschenstill, als ob er genau wüßte, daß er dadurch Sören die Sache erleichtern kann. Manchmal sehe ich, wie beide Kinder auf dem Teppich spielen oder sich an der Hand halten. In solchen glücklichen Augenblicken kann ich die Gefühle, die ich dabei empfinde, gar nicht in Worte fassen.

In meinen kühnsten Träumen hätte ich mir nicht ausmalen können, welche Veränderung Sören in unsere familiäre Situation bringen würde. Natürlich gibt es auch Tage, die anstrengend und auslaugend sind; Situationen, in denen beide Kinder krank sind beispielsweise. Das überstehe ich aber meistens ziemlich gelassen, weil ich weiß, es kommen auch wieder gute Tage.

Meine Befriedigung liegt in der Erfüllung meiner Aufgabe. Ich genieße einfach alles. Ist das Wetter schön, so lasse ich alles liegen und stehen, um mit meinen Kindern spazieren zu gehen. Die Flexibilität, die ich mir selbst erlaube, ist eine der schönsten Seiten an meinem Beruf als Hausfrau. Während ich dann mit Sören im Sand herumwühle oder Blätter suche, beneide ich die Menschen nicht, die von einem Termin zum anderen hetzen müssen.

Es ist gut, daß Laurenz weiß, wieviel Arbeit durch Kinder und Haushalt entsteht. Seit Beginn unserer Ehe hilft er mit, wo immer es ihm möglich ist. Vom Bügeln bis zum Nähen macht er einfach alles und ist dazu noch handwerklich sehr geschickt. Auch Sören bekommt seine kleinen Aufgaben in unserer Familie.

Was die nächsten Jahre unserer Familie bringen, weiß ich nicht, es erscheint mir auch völlig unwichtig. Ich freue mich auf jedes Alter, jede Entwicklungsstufe meiner Kinder und versuche, so bewußt wie möglich in der Gegenwart zu leben. Mein Bewußtsein zu erweitern, ist mir sehr wichtig. Schon als Jugendliche habe ich oft den Wunsch in mein Tagebuch geschrieben, daß ich bewußter und reifer werden möchte.

Durch meine Kinder habe ich einen großen Reife- und Lernprozeß erlebt, für den ich sehr dankbar bin. Jedes meiner Kinder hat mich etwas Neues gelehrt. Durch Timo habe ich andere Maßstäbe für mein Leben gesetzt. Nicht nur Mut, Stärke und Kraft habe ich durch ihn erfahren, sondern vor allem, Wichtiges von Unwichtigem zu unterscheiden. Durch diese Erfahrungen, die durch alle menschlichen Bereiche gingen, ist mein Verständnis für andere Menschen gewachsen. Ich habe gelernt, daß Probleme ein ganz wichtiger und wesentlicher Bestandteil unseres Lebens sind. Alle Fortschritte und positiven Errungenschaften basieren auf Lösungsergebnissen von Problemen. Jeder Mensch hat enorme Fähigkeiten, Konflikte zu bewältigen. Nur dem, der sich selbst durch negative Gedanken und Gefühle blockiert, erscheinen Schwierigkeiten erdrückend und unlösbar. Es gibt immer für alles eine Lösung. Man muß nur offen sein, denn manchmal kommt die Lösung eines Problems aus einer ganz anderen Richtung, als man sich vorher vorgestellt hat.

Wenn man ganz ehrlich zu sich selbst ist, kann man hinterher fast immer erkennen, daß es so gut und richtig war, wie es gekommen ist.

Wenn man seine Aufgabe erfüllt und nicht vor ihr davonläuft, wird man stark. Von mir selbst kann ich sagen, daß jede Problemlösung mich irgendwie verändert hat. Trotz der vielen Sorgen in meinem Leben bin ich ein dankbarer und glücklicher Mensch geworden.

Julians Leben und Sterben brachte wieder ganz neue Erfahrungen und Lernprozesse mit sich. Ich mußte mich mit dem Tod auseinandersetzen. Bei Timo habe ich nie gewagt, die Gedanken an den Tod tiefer zu ergründen. Obwohl ich auch schon als junges Mädchen viel darüber nachgedacht habe, hatte ich mich nie mit dem realen Tod eines Menschen befassen müssen.

Julian hat mich auf einen Weg gebracht, der mein ganzes bisheriges Leben auf den Kopf gestellt hat. Dieser neue Lebensweg wurde zu einem tiefgründigen Wachstumsprozeß. Plötzlich stellten sich mir die Fragen: Woher komme ich? Wohin gehe ich? Wo liegt meine Lebensaufgabe?

Ich wurde zum Yoga und zur Meditation geführt. Dadurch beschritt ich einen neuen spirituellen Lebensweg, sozusagen eine Reise in mein Inneres. Jeder, der sich für diese Reise entschieden hat, verändert sich. Fange ich an, diesen Weg zu gehen, so lerne ich mich selbst richtig kennen, indem ich mich mit allen Begebenheiten meines Lebens, meinen Gefühlen und Empfindungen auseinandersetze. Diese Auseinandersetzungen wirken wie ein Reinigungsprozeß und befreien mich von angesammelten negativen Altlasten. Mit meinen neuen Empfindungen lerne ich, das Leben anders zu leben. Plötzlich wird es immer schwieriger, völlig „unbewußt" zu handeln, besonders gegenüber anderen Menschen. Meine Weltanschauung verändert sich, und ich beginne, meine Umwelt mit neuen Augen zu sehen. Mit diesem Bewußtsein begegne ich der Welt offen, lebendig, schöpferisch und frei. Ich beginne, die Worte zu begreifen: Alles, was wir für ein erfülltes Leben brauchen, liegt in uns selbst und wartet nur darauf, von uns entdeckt zu werden.

Mein Sohn Julian war für mich ein großer Lehrmeister des Lebens. Die Frühgeburt meines Sohnes Malte hat meine Erfahrungen, die ich durch Julians Leben und Sterben gemacht habe, in großem Maße vertieft. Hatte ich vor einigen Jahren noch Angst vor dem Sterben, so habe ich diese Angst völlig verloren. Das Hinterfragen der Bedeutung des Todes hat mich vieles gelehrt. Ich habe an mir selbst gemerkt, daß Angst vor dem Sterben ein Mangel an Gottvertrauen ist.

Auch durch Sören hat mein Leben wieder neue Aspekte und Dimensionen bekommen. Ich habe durch ihn gelernt, tief und bedingungslos anzunehmen. Meine Aufgabe als Mutter scheint mir seit Sörens Geburt wertvoller und wichtiger denn je. Ich habe begriffen, daß es eine wichtige Aufgabe ist, seinem Kind eine Grundlage für sein späteres Leben zu geben. Durch die Gedanken über Sörens Erziehung lerne ich mich selbst besser kennen, da meine eigene Erziehung dabei stark hinterfragt wird. Es gibt Situationen, in denen ich nicht weiß, warum ich jetzt gerade so und nicht anders handele. Wie sind meine eigenen Charaktereigenschaften? Wie bin ich durch meine Erziehung geprägt worden? Jeden Tag zeigt mein Sohn mir Dinge, die ich in meinem Erwachsensein fast übersehe. Es ist die Begeisterungsfähigkeit für die kleinen Dinge des Lebens, zum Beispiel die kleine Feder, das Steinchen oder der Käfer dort.

Ich bin davon überzeugt, daß alle Begebenheiten zum richtigen Zeitpunkt in mein Leben getreten sind. Die letzten zehn Jahre haben eine enorme Entwicklung für mich bedeutet. Wenn ich auch nicht immer sofort den Sinn eines Ereignisses erkennen konnte, so habe ich doch nach und nach seine Wichtigkeit für mein Leben begriffen. Ich bin für jedes Ereignis in meinem Leben dankbar.

Manchmal stelle ich mir mein Leben als Straße vor, die ans Ziel führt. Noch liegt sie gerade vor mir und ist mir vertraut. Frohgelaunt gehe ich los und bin glücklich, daß alles so übersichtlich ist. Es kann mir gar nichts passieren, ich brauche ja nur geradeaus zu gehen, und schon komme ich irgendwann an mein Ziel.

Nachdem ich nun eine lange Strecke zurückgelegt habe, wird mir klar, daß ich so eigentlich keine Erfahrungen von meiner Lebensstraße mitbringen kann, wenn ich am Ziel angelangt bin. Mit der Erkenntnis sehe ich an der rechten Straßenseite plötzlich einen kleinen Pfad. Ich nehme allen Mut zusammen und verlasse meinen vertrauten Weg. Etwas ängstlich gehe ich nun einen mir unbekannten Pfad. Dieser führt mich durch einen Wald. Ich erlebe Tiere, Pflanzen und spüre das Leben überall hautnah. Diese Eindrücke machen mich immer mutiger.

Nach einiger Zeit stehe ich vor einem großen Berg, der mir unüberwindbar erscheint. Aber ich weiß, will ich meinen vertrauten Weg wieder erreichen, muß ich diesen Berg überqueren. Mutig, aber unter größten Anstrengung und unter schwersten Bedingungen erklimme ich ihn. Und ich schaffe es!

Oben angekommen, sehe ich plötzlich vieles in einem anderen Licht. War es mir nicht so vorgekommen, als wäre im Wald alles dunkler und enger gewesen als hier oben auf dem Berg, wo ich mitten in der Sonne stehe? Ich genieße diese neue Erkenntnis und beginne voll innerem Frieden mit dem Abstieg.

Irgendwann treffe ich wieder auf meine Lebensstraße. Wie vertraut sie mir ist! Ich fühle mich absolut sicher und genieße diesen Zustand eine Weile.

Dann aber sehe ich schon von weitem wieder eine Abzweigung. Da mein Vertrauen durch meinen ersten Abstecher gestärkt ist, gehe ich ohne Angst den neuen Weg, der sich mir dort auftut. Ich habe begriffen, daß ich durch das Beschreiten neuer Wege wichtige Erkenntnisse erlange und nur dadurch meiner Lebensaufgabe näher komme.

Dieses Buch zu schreiben war für mich sehr wichtig. Ich habe Situationen der vergangenen Jahre wieder intensiv durchlebt und dabei meine Erlebnisse noch einmal neu verarbeitet. Auch für Laurenz waren diese erneuten Auseinandersetzungen mit unseren letzten Lebensjahren ein wichtiger Prozeß. Viele Stunden saßen wir zusammen und haben miteinander über Veränderungen unseres Lebens und unseren Wachstumsprozeß gesprochen.

Es gab Tage, an denen ich mir nicht mehr so sicher war, ob ich wirklich so viel von meinem Familienleben der Öffentlichkeit preisgeben wollte. Etwas verunsichert fragte ich mich, wie manche Menschen wohl reagieren würden. In solchen Momenten legte ich meine Manuskripte in die hinterste Schublade. Aber von einem inneren Drang getrieben, holte ich sie immer wieder hervor und mußte weiterschreiben.

Als meine Zweifel eines Tages besonders groß waren, bat ich im Gebet um Hilfe. Und genau in dieser Nacht hatte ich einen sehr intensiven Traum. Ich träumte von einer Fahrt in einem Aufzug, der alt und klapprig war. Während der Fahrt wackelte und schaukelte der ganze Aufzugsschacht. Voller Angst bezweifelte ich, ob ich jemals lebend oben ankommen würde. Bis in die oberste Etage fuhr ich mit ihm. Doch oben war die Angst verschwunden. Mit einem guten Gefühl bin ich dann anschließend vertrauensvoll wieder nach unten gefahren.

Am nächsten Morgen dann wachte ich auf, und meine Zweifel, ob ich meine Geschichte wirklich veröffentlichen sollte, waren wie weggeblasen. Ohne Schwierigkeiten habe ich das Buch danach zu Ende bringen können.

Konfuzius sagt: Beklage dich nicht über die Dunkelheit, zünde eine Kerze an. Ich würde mich sehr freuen, wenn ich durch dieses Buch ein kleines Licht für die besonderen Menschen unter uns entzünden könnte.

Es war mir sehr wichtig aufzuzeigen, daß ein glückliches und harmonisches Zusammenleben mit einem behinderten Familienangehörigen gut möglich ist. Auch möchte ich allen Menschen in schwierigen Lebenssituationen Mut machen. Nehmen Sie ihre Aufgaben vom Schicksal nicht nur stillschweigend hin. Denken Sie nicht, daß diese einfach nur erduldet werden müssen, sondern suchen Sie nach dem Sinn dieser Aufgabe für Ihr Leben. Suchen Sie die Kraft Gottes, die in jedem von uns ist, um mit dieser Kraft sämtliche Wahrheiten Ihres Lebens zu erfahren, denn in Wahrheit ist alles Liebe.

Ich wünsche jedem Menschen, daß er sich der tiefen Liebe unseres ganzen Universums bewußt werden kann, um so zu einem glücklichen Leben zu finden.